COMER CON LA LUNA

Todos los derechos reservados. Queda prohibida la reproducción, distribución o transmisión total o parcial de esta publicación, en cualquier forma o por cualquier medio, incluidos el fotocopiado, la grabación u otros métodos electrónicos o mecánicos, sin la autorización previa por escrito del editor. Para solicitar permiso o distribución, póngase en contacto con el editor en la dirección indicada más abajo.

Copyright diciembre 2024 ©
Primera edición, diciembre de 2024

Diseño y Producción: Colombia
Impreso en Amazon
Editora: Lina María Cocuy
Idea original y autora: Claudia Botero
Portada: Lina María Cocuy con Midjourney
Ilustraciones internas: Claudia Botero
info@claudia-botero.com
IG: @comerconlaluna
www.claudia-botero.com

ISBN COLOMBIA:

ISBN: 978-628-01-5685-9

Recetario y Journaling para una Dieta basada en el Ciclo Lunar y la Medicina Tradicional China (MTC)

Somos lo que comemos

Dice la sabiduría del I-ching, el libro oracular más respetado de la antigua china, que el carácter de una persona se conoce por la manera como elige lo que lo alimenta y le nutre. Se sabe con qué condiciones internas cuenta la persona por la manera como selecciona amigos, comida, ideas, hábitos.

En ese sentido este libro/manual no es solo una guía de recetas, sino una guía para mejorar tu carácter y hacer de ti una persona mucho más feliz.

ÍNDICE

Introducción	7
Instrucciones de uso	9
LUNA NUEVA	10
1 - Vesícula Biliar	11
Recetas vesícula Biliar	15
2 - Hígado	20
Recetas Hígado	24
3 - Pulmones	30
Recetas Pulmones	34
CUARTO CRECIENTE	41
4 - Intestino Grueso	42
Recetas intestino grueso	46
5 - Estómago	53
Recetas estómago	57
6 - Bazo páncreas	64
Recetas Bazo Páncreas	68
LUNA LLENA	75
7 - Corazón	76
Recetas corazón	80
8 - Intestino Delgado	86
Recetas intestino delgado	90
9 - Vejiga	97
Recetas vejiga	101

CUARTO MENGÜANTE	109
10 - Riñones	110
Recetas riñones	114
11 - Pericardio	121
Recetas pericardio	125
12 - Triple calentador	131
Recetas triple calentador	135
Acompañamientos para cualquiera de los platos	140
Receta Caldo básico de vegetales	142
Infusiones	143
Factores clave que hacen que los alimentos beneficien varios meridianos	146
Ejemplos de alimentos recurrentes y su aplicación en diferentes meridiainos	148
Usando las fechas	149

INTRODUCCIÓN

En las páginas de este libro encontrarás una lista de recetas para ser preparadas durante un mes lunar; es decir, durante el tiempo que la luna completa un giro alrededor del globo terrestre. Este mes lunar es de una duración de 29,53 días por mes y se calculan 13 lunas llenas al año. A cada parte de este ciclo lunar que se separa básicamente en 4 momentos: Luna Nueva, Cuarto Creciente, Luna Llena y Cuarto Menguante, le corresponden ciertos momentos que son más aptos para nutrir determinados meridianos y órganos del cuerpo. La idea es que puedas basar tu dieta en este biorritmo que marca ciertas condiciones beneficiosas para nutrir y aprovechar la energía de los ritmos naturales y, de esta manera ganar vitalidad y salud.

En este libro encontrarás las recetas ordenadas según el ciclo de los órganos, lo que significa que cada que se nombra un órgano, asociado a un día del calendario, ese órgano se encuentra en la mayor disponibilidad de recibir energía y por lo tanto de ser nutrido y sanado. Encontrarás entonces en las últimas páginas del libro, un calendario de los días en que se deben hacer determinadas recetas. He incluido los años 2025 y 2026 para que tengas claridad los próximos dos años de qué comer cuáles días. También, asociado a los órganos del cuerpo, tendrás algunas indicaciones que, desde la Medicina Tradicional China (MTC), te ayudarán a entender cómo mejorar la función de los órganos, su vitalidad, los hábitos perjudiciales y su relación con las emociones y enfermedades.

Con este libro no solo podrías hacer preparaciones simples, deliciosas y saludables sino que tendrás una gran oportunidad de aprender de tí y de cómo es que estás funcionando. Por ejemplo, si los días que toca nutrir el hígado te sientes especialmente de mal genio o irritable es que probablemente ese órgano necesita atención. Por otra parte, puede suceder que por los días de nutrir el riñón sientes miedo o angustia, entonces tu cuerpo te está indicando algo relacionado con esa emoción y el órgano que la gobierna, es decir, los riñones. Al darte cuenta de tus propios movimientos internos podrás crecer en tu conciencia y por supuesto esta información te ayudará a mejorar no solo en salud sino también en tu desarrollo emocional y mental. Es una oportunidad de crecer a todo nivel que enfoca la alimentación y la conexión con la naturaleza como el primer paso. También este libro te servirá para entender un problema de salud con mayor intuición y acudir a un profesional experto lo antes posible.

¿Cómo trabajar con este libro? Simplemente usa todo lo que puedas la información que está aquí en los días sugeridos y ¡nota el cambio! También llevar un registro como un diario de emociones o percepciones te dará un enfoque mas completo sobre tu viaje en esta forma humana aquí en la tierra.

Por último, cada animal que aparece en el libro asociado a un cambio de fase lunar y a sus recetas, se refiere al tótem que tradiciones ancestrales identificaron para ese momento energético. Esto es mi interpretación personal basada en mis estudios durante un buen tiempo tratando de sintetizar diferentes tradiciones y comprensiones sobre los movimientos energéticos, la luna, el agua en el cuerpo y las emociones.

Conectarte con el animal al colorearlo y anotar percepciones también te puede ayudar a gestionar las emociones y pensamientos asociados al órgano que estás trabajando en determinados días y profundizar más en tu mundo interno.

Estoy feliz de poder entregarte este material. Aquí resumo descubrimientos de mi investigación dedicada durante más de 10 años de mi vida.

INSTRUCCIONES DE USO DE ESTE LIBRO

Cuando practiques en tu cocina con las recetas para cada órgano o meridiano, por favor usa lo que se te acomode; si te gusta mucho una receta simplemente come eso mismo los días correspondientes al órgano. También puedes intercambiar ingredientes y hacer tus propios experimentos, la idea es tratar de conservar los ingredientes, la secuencia temporal y la generalidad de las preparaciones para poder hacer el trabajo de fortalecer nuestros órganos.

Las recetas están pensadas para que puedas elegir según tu gusto y necesidad en cada secuencia de los días, solo necesitas inspirarte y dejarte llevar por tu intuición y gusto. Por ejemplo, el día del estómago simplemente elige qué recetas usar de las que tienes disponibles en este manual y come esos días lo que se te recomienda.

Seguir una dieta sin ningún tipo de azucares refinados y usando los ingredientes de mejor calidad posible sería lo más indicado para un resultado óptimo. Recomiendo hacerla completando una, dos, tres o ¡todas las fases de la luna!. Debes hacer este proceso para sentir un beneficio verdaderamente real, pero si lo haces por un solo día, también es maravilloso; traerá beneficio alimentar con mayor conciencia una parte de tu cuerpo.

Solo me queda pedirte que pongas todo lo que te he contado en práctica una y otra vez y te aseguro que pronto verás importantes cambios en vitalidad, salud, alegría y por supuesto en peso.

LUNA NUEVA

La Luna está entre la Tierra y el Sol, por lo que no vemos su cara iluminada. Las mareas son más bajas o altas (mareas vivas) porque el Sol y la Luna se alinean, sumando sus fuerzas gravitatorias.

Órganos y meridianos para trabajar en esta fase lunar: Vesícula Biliar, Hígado y Pulmones.

1
VESÍCULA BILIAR

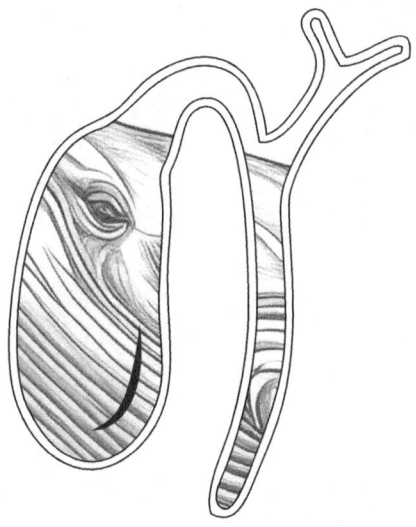

Asociado a este órgano podemos trabajar como Tótem a la Ballena, que nos ayudará para:

- Indecisión: Dificultad para tomar decisiones.
- Miedo al cambio: Sentimiento de parálisis ante nuevas situaciones.
- Falta de coraje: Incapacidad de tomar acciones valientes.

Medita mientras coloreas en las situaciones donde sientes estas emociones. Puedes hacer apuntes y pedirle al espíritu de la Ballena que te muestre los mares más azules del corazón para que este sea el hogar de tus emociones.

Mis notas

....
....
....
....
....
....

Causas de estrés para la vesícula biliar:

- **Toma de decisiones difíciles o indecisión constante:** La vesícula biliar está relacionada con la capacidad de tomar decisiones. El estrés prolongado o la indecisión afecta su funcionamiento.
- **Falta de confianza en uno mismo:** La inseguridad genera dudas y bloquea el flujo de energía en la vesícula.
- **Sobrecarga de trabajo y responsabilidades:** Exceso de trabajo sin descanso impide una toma de decisiones clara.
- **Miedo a actuar o asumir riesgos:** Este bloqueo emocional afecta la valentía, dificultando la ejecución de decisiones.
- **Conflictos internos entre deseos y acciones:** La desconexión entre lo que se quiere y lo que se hace genera tensión en la vesícula.
- **Estancamiento emocional:** Emociones no expresadas o retenidas bloquean el flujo de energía.
- **Perfeccionismo:** La presión de hacer todo perfecto genera estrés y afecta la función de la vesícula.

Alimentos beneficiosos para la vesícula biliar:

- **Alimentos amargos y ligeramente ácidos:** Limón, vinagre de manzana, cítricos, que ayudan a estimular la bilis.
- **Verduras verdes amargas:** Rúcula, diente de león, espinacas, que promueven la limpieza y eliminación de toxinas.
- **Proteínas magras:** Pescado blanco (merluza, tilapia) y pollo, que son fáciles de digerir.
- **Fibra:** Batata (camote), nabo, para suavizar el sistema digestivo.
- **Hierbas y especias:** Jengibre, cúrcuma, ajo, que promueven la digestión y limpieza.

Alimentos que generan estrés en la vesícula biliar:

- Grasas y frituras: Sobrecargan la vesícula y dificultan la digestión.
- Alimentos procesados y refinados: Azúcares y carbohidratos que generan toxinas.
- Alcohol: Causa inflamación y obstrucción del flujo de bilis.

Para el Meridiano de la Vesícula Biliar:

- Cocciones recomendadas: Ligera, salteado rápido, vapor.
- Justificación: La vesícula biliar se beneficia de cocciones rápidas y ligeras, ya que su función está vinculada al hígado y necesita que el Qi fluya sin obstrucciones.
- Ajustes sugeridos: Usa cocciones al vapor o salteados rápidos de verduras como espárragos y brócoli. Evita guisos pesados o cocciones largas que sobrecarguen el flujo del Qi.

RECETAS

1- Batido Verde con Limón, Espinacas y Jengibre

Ingredientes:
- 1 taza de espinacas frescas
- 1/2 pepino
- Jugo de 1 limón
- 1 rodaja de jengibre fresco
- 1 taza de agua de coco o agua natural
- Opcional 1 cucharada de semillas de chía

Preparación:
1. Coloca todos los ingredientes en una licuadora.
2. Licúa hasta obtener una mezcla suave y homogénea.
3. Sirve de inmediato y disfruta de un batido que estimula la producción de bilis y desintoxica el sistema digestivo.

2- Tostadas de Batata con Aguacate y Rúcula

Ingredientes:
- 1 batata (camote), cortada en rodajas finas
- 1/2 aguacate maduro
- 1 puñado de rúcula fresca
- Jugo de 1/2 limón
- 1 diente de ajo picado (opcional)
- 1 cucharada de aceite de oliva
- Sal y pimienta al gusto

Preparación:
1. Precalienta el horno a 200°C.
2. Coloca las rodajas de batata en una bandeja para hornear y rocía con un poco de aceite de oliva. Hornéalas durante unos 15-20 minutos, o hasta que estén doradas y crujientes.
3. Mientras las batatas se hornean, machaca el aguacate en un bol y mezcla con jugo de limón, ajo (si lo deseas), sal y pimienta.
4. Una vez que las batatas estén listas, úntales la mezcla de aguacate.
5. Añade la rúcula fresca por encima y un poco más de jugo de limón si lo prefieres.

3 - Salteado de espárragos y champiñones con hierbas

Ingredientes:
- 6 espárragos frescos.
- 4 champiñones frescos (si consigues hazlo con shiitake y/o reishi)
- diente de ajo
- 1 cucharadita de aceite de oliva extra virgen
- Jugo de medio limón
- Una pizca de cúrcuma
- Sal marina al gusto
- Pimienta negra al gusto
- Hojas de albahaca fresca para decorar

Preparación:
1. Lava bien los espárragos y los champiñones. Corta los espárragos en trozos y los champiñones en láminas.
2. En una sartén, calienta el aceite de oliva a fuego medio y agrega el diente de ajo picado finamente. Sofríe hasta que esté dorado.

3. Añade los espárragos y los champiñones a la sartén, saltea durante 5-7 minutos hasta que estén tiernos.
4. Agrega una pizca de cúrcuma, sal, pimienta y el jugo de medio limón.
5. Retira del fuego y sirve con hojas frescas de albahaca por encima para darle un toque aromático.

Este desayuno es ligero, digestivo y ayuda a estimular la función de la vesícula biliar, además de ser delicioso y rápido de preparar.

4 - Pescado a la Parrilla con Ensalada de Espinacas y Brócoli

Ingredientes:
- 1 filete de pescado blanco (merluza o tilapia)
- 1 taza de espinacas frescas
- 1 taza de brócoli al vapor
- Jugo de 1 limón
- 1 diente de ajo picado
- 1 cucharada de aceite de oliva
- Sal y pimienta al gusto

Preparación:
1. Cocina el pescado a la parrilla hasta que esté completamente cocido.
2. En una sartén, saltea el ajo en aceite de oliva hasta que esté dorado.
3. Añade el brócoli cocido y las espinacas. Cocina a fuego lento hasta que las espinacas se marchiten.
4. Aliña el pescado y las verduras con jugo de limón, sal y pimienta.
5. Sirve el pescado acompañado de la ensalada de espinacas y brócoli.

5 - Pollo al vapor con Berros y Batata

Ingredientes:
- 1 pechuga de pollo,
- 1 taza de berros frescos
- 1 batata pequeña, cocida y cortada en rodajas
- 1 diente de ajo picado
- Jugo de medio limón
- 1 cucharada de aceite de oliva
- Sal y pimienta al gusto

Preparación:
1. Cocina la batata en agua con sal hasta que esté tierna. Resérvala.
2. En una sartén, calienta el aceite de oliva y saltea el ajo hasta que esté dorado.
3. Cocina el pollo al vapor.
4. Mezcla el pollo cocido y desmenuzado con los berros y colocarlo encima de las rodajas de batata.
5. Aliña con jugo de limón, sal y pimienta al gusto antes de servir.

6 - Sopa de Jengibre y Nabo con Pollo o sin pollo

Ingredientes:
- 1 pechuga de pollo, desmenuzada
- 1 nabo mediano, pelado y cortado en cubos
- 1 zanahoria, pelada y cortada en rodajas
- 1 trozo de jengibre fresco, en rodajas finas
- 1 litro de caldo de verduras o pollo (ver la receta al final del libro)
- 1 diente de ajo picado
- Sal y pimienta al gusto
- Si lo haces sin pollo puedes agregar algún combinado de hierbas aromáticas.

Preparación:
1. En una olla, calienta el caldo de verduras o pollo.
2. Añade el ajo, el jengibre, el nabo y la zanahoria, y deja cocinar hasta que las verduras estén tiernas (unos 15 minutos).
3. Agrega el pollo desmenuzado y cocina unos 5 minutos más.
4. Sirve la sopa caliente, perfecta para una cena ligera que promueve la digestión.

7 - Ensalada de Endivias con Limón y Pollo a la Plancha

Ingredientes:
- 2 endivias, cortadas en tiras
- 1 pechuga de pollo a la plancha
- 1 cucharada de vinagre de manzana
- Jugo de 1 limón
- 1 cucharada de aceite de oliva
- Sal y pimienta al gusto

Preparación:
1. Cocina la pechuga de pollo a la plancha y córtala en tiras.
2. Mezcla las endivias en un bol y aliña con vinagre de manzana, jugo de limón, aceite de oliva, sal y pimienta.
3. Sirve el pollo encima de la ensalada y disfruta de una cena ligera que estimula la digestión y el flujo de bilis.

8 - Ensalada de Brócoli, Germinados y Manzana

Ingredientes:
- 1 brócoli pequeño, cortado en ramilletes
- 1 taza de germinados (alfalfa, lentejas, etc.)
- 1 manzana, cortada en cubos
- 1/4 taza de nueces, picadas
- 1 cucharada de aceite de oliva virgen
- Jugo de 1 limón
- Sal y pimienta al gusto

Preparación:
1. Cocina el brócoli al vapor durante 5-7 minutos hasta que esté tierno pero crujiente.
2. Enjuaga los germinados y resérvalos.
3. En un bol grande, mezcla el brócoli cocido, los germinados, los cubos de manzana y las nueces picadas.
4. Aliña con aceite de oliva, jugo de limón, sal y pimienta.
5. Mezcla bien y sirve inmediatamente.

9 - Berenjenas salteadas con Ajo y Jengibre

Ingredientes:
- Berenjenas medianas (cortadas en cuadritos)
- Ajo (picado finamente)
- Jengibre fresco (rallado)
- Aceite de sésamo
- Jugo de limón
- Salsa de soya sin gluten (opcional)
- Semillas de sésamo tostadas (para decorar)
- Cebolla verde (opcional, picada para decorar)
- Perejil fresco o cilantro (opcional, para decorar)

Instrucciones:
1. Preparar las berenjenas: Saltea las berenjenas en aceite de sésamo.

2. Cuando este ligeramente salteadas agrega una mezcla de aceite de sésamo y un poco de jugo de limón para añadir un toque fresco.
Cuando estén listas reserva.
3. Preparar la salsa de ajo y jengibre:
Mientras las berenjenas se doran, calienta una sartén pequeña con un poco de aceite de sésamo.
Añade el ajo picado y el jengibre rallado, y sofríelos a fuego lento hasta que estén fragantes, sin quemarlos.
Si usas salsa de soya, añádela a la mezcla de ajo y jengibre en este momento para darle un toque salado.
4. Montaje:
Toma las berenjenas y coloca la mezcla de ajo y jengibre por encima.
Decora con semillas de sésamo tostadas y un poco de cebolla verde o perejil fresco si lo deseas.

10 - Pudín de Chía con Limón, Jengibre y Manzana

Ingredientes:
- 3 cucharadas de semillas de chía
- 1 manzana cortada en cubos pequeños y reservada en limón.
- 1 taza de leche vegetal (almendra, coco u otra opción de nueces)
- Jugo de 1 limón para reservar la manzana
- 1/2 cucharadita de jengibre rallado (o menos si es muy fuerte para ti)
- 1 cucharada de miel o jarabe de agave (opcional)
- Ralladura de limón para decorar
- Canela para espolvorear

Preparación:
1. En un bol, mezcla la leche vegetal con el jengibre rallado y la miel
2. Añade las semillas de chía y revuelve bien para que se distribuyan de manera uniforme.
3. Añade las manzanas.
4. Deja reposar la mezcla en la nevera durante al menos 4 horas o toda la noche, para que las semillas de chía absorban el líquido y se forme una consistencia de pudín.
5. Antes de servir, añade ralladura de limón y la canela por encima para darle un toque fresco y cítrico.

11 - Postre de Peras al Horno con Jengibre y Limón

Ingredientes:
- 2 peras maduras
- 1 cucharadita de jengibre rallado
- Jugo de 1 limón
- 1 cucharadita de miel o jarabe de agave (opcional)
- 1/2 cucharadita de canela en polvo
- 1 cucharadita de aceite de coco (opcional)

Preparación:
1. Precalienta el horno:
Precalienta el horno a 180°C.
2. Preparar las peras:
Corta las peras por la mitad y retira el corazón con una cuchara pequeña.
Coloca las mitades de las peras en una bandeja para hornear.
3. Aliñar las peras:
Rocía el jugo de limón sobre las peras.
Espolvorea el jengibre rallado y la canela en polvo sobre las peras.
Si prefieres un toque más dulce, añade un poco de miel o jarabe de agave sobre cada mitad de pera.

Si deseas un postre más suave y cremoso, puedes colocar una pequeña cantidad de aceite de coco sobre cada pera.
4. Hornear:
Hornea las peras durante unos 20-25 minutos, hasta que estén tiernas y ligeramente doradas.
5. Servir:
Sirve las peras al horno calientes o templadas, acompañadas de un poco más de jugo de limón o una pizca de canela si lo deseas.

12 - Batata Asada con Miel, Jengibre y Canela

Ingredientes:
- 1 batata (camote) grande
- 1 cucharadita de jengibre rallado
- 1 cucharadita de canela en polvo
- 1 cucharada de miel o jarabe de agave
- Jugo de 1/2 limón

Preparación:
1. Precalienta el horno a 200°C.
2. Lava bien la batata y córtala en rodajas gruesas (puedes pelarla o dejar la piel, según prefieras).
3. Coloca las rodajas de batata en una bandeja para hornear y rocía con miel, jengibre rallado y canela.
4. Hornea durante unos 25-30 minutos, o hasta que las rodajas de batata estén doradas y tiernas.
5. Retira del horno y exprime el jugo de limón por encima antes de servir.

INGREDIENTES PARA LAS RECETAS DE LA VESÍCULA BILIAR

Aceite de coco
Aceite de oliva
Albahaca fresca
Ajo
Aguacate
Batata (camote)
Berros
Brócoli
Caldo de verduras o pollo
Canela en polvo
Champiñones
Cilantro fresco
Cúrcuma en polvo
Endivias
Espárragos frescos
Espinacas frescas
Germinados (alfalfa, lentejas, etc.)
Hinojo (semillas o en polvo)
Jengibre fresco
Jugo de limón
Leche vegetal (almendra, coco u otra)
Manzana
Miel o jarabe de agave
Nabo
Nueces
Pepino
Peras maduras
Pimienta negra
Pollo
Rúcula fresca
Sal
Semillas de chía
Vinagre de manzana
Yuca
Zanahoria

2
HIGADO

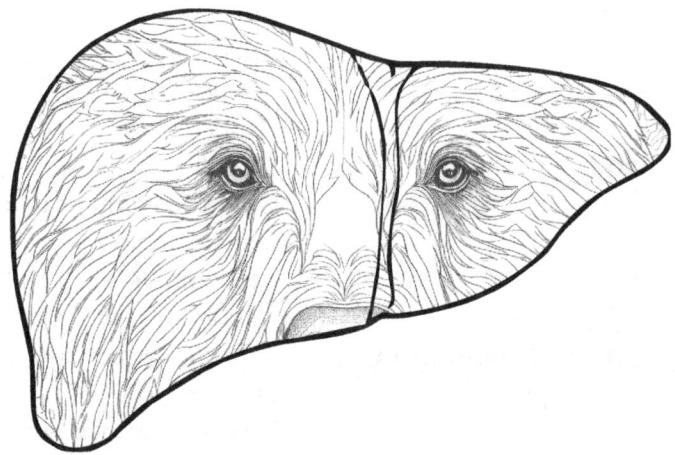

Asociado a este órgano podemos trabajar como tótem al Oso que nos ayudara con:

• Irritabilidad: Tendencia a enojarse fácilmente.
• Frustración: Sensación de que nada avanza como debería.
• Depresión: Bloqueo emocional, sensación de estar estancado.

Medita mientras coloreas en las situaciones donde sientes estas emociones. Puedes hacer apuntes y pedirle al espíritu del Oso que te muestre cuál es el propósito que llena tus días y cuáles son las cosas que merecen ser cuidadas en tu vida para que crezcan y se desarrollen.

Mis notas

....

....

....

....

....

....

Causas de estrés para el hígado:

- **Estrés emocional y frustración:** Emociones reprimidas como la ira y el resentimiento bloquean el flujo de Qi en el hígado.
- **Estrés crónico y sobrecarga mental:** El estrés prolongado agota la energía del hígado y empeora el estancamiento del Qi.
- **Sobrecarga de trabajo y falta de descanso:** El hígado se regenera durante el descanso. El exceso de trabajo impide su capacidad de regenerarse.
- **Dieta inadecuada:** Alimentos grasos, fritos y procesados generan calor y humedad en el hígado.
- **Falta de ejercicio físico:** La falta de actividad física contribuye al estancamiento del Qi.
- **Consumo excesivo de alcohol y toxinas:** Sobrecargan al hígado, generando calor interno y bloqueos.

Alimentos beneficiosos para el hígado:

- Verduras verdes: Espinacas, rúcula, berros, brócoli, que desintoxican el hígado y promueven el flujo de Qi.
- Alimentos amargos y ligeramente ácidos: Cítricos, vinagre de manzana, para estimular la desintoxicación.
- Frutas ricas en antioxidantes: Manzanas, bayas, que protegen las células hepáticas.
- Fibra: Batata, zanahorias, remolacha, para mejorar la digestión y el tránsito intestinal.
- Hierbas y especias: Cúrcuma, jengibre, diente de león, que promueven la desintoxicación y alivian la inflamación.

Alimentos que generan estrés en el hígado:

- Alimentos grasos y fritos: Generan calor y humedad, lo que bloquea el Qi.
- Alimentos procesados y refinados: Sobrecargan el hígado con toxinas y dificultan su función.
- Alcohol: Genera calor en el hígado y sobrecarga su capacidad de desintoxicación.
- Azúcares y carbohidratos refinados: Contribuyen al estancamiento del Qi y sobrecargan el hígado.

Para el Meridiano del Hígado:

- Cocciones recomendadas: Ligera, salteado rápido, hervido corto.
- Justificación: El hígado se beneficia de cocciones frescas y rápidas que mantienen su energía en equilibrio y no la sobrecargan.
- Ajustes sugeridos: Salteados rápidos de verduras verdes como espinacas, pepino y jengibre. Evita guisos o sopas pesadas para el hígado.

RECETAS

1- Batido de Manzana, Zanahoria, Cúrcuma y Cardamomo

Ingredientes:
- 1 manzana verde
- 1 zanahoria
- 1/2 cucharadita de cúrcuma en polvo o fresca y una pizca de cardamomo al gusto.
- Jugo de 1/2 limón
- 1 taza de agua o agua de coco

Preparación:
1. Lava y corta la manzana y la zanahoria en trozos.
2. Coloca todos los ingredientes en una licuadora y licúa hasta obtener una mezcla suave.
3. Sirve fresco y disfruta de un batido antioxidante y antiinflamatorio para el hígado.

2 - Panqueques de Batata y Huevos (sin cereales) con nueces y romero

Ingredientes:
- 1 batata (camote) mediana, cocida y hecha puré
- 2 huevos
- 2 cucharadas de nueces, picadas finamente
- 1 cucharada de aceite de oliva extra virgen
- 1 cucharadita de romero fresco, picado finamente
- 1 cucharadita de cúrcuma en polvo (opcional, para ayudar a desinflamar y nutrir el hígado)
- Sal y pimienta al gusto
- Un chorrito de jugo de limón (opcional, para un toque ácido que estimula el hígado)
- Aceite de coco o de oliva, para cocinar

Preparación:
1. Preparar la masa:
   En un bol grande, mezcla la batata cocida y hecha puré con los huevos batidos. Añade las nueces picadas, el romero fresco, la cúrcuma, sal y pimienta al gusto. Si deseas, agrega un chorrito de jugo de limón para un toque ácido.
2. Calentar la sartén:
   Calienta una sartén a fuego medio y añade una pequeña cantidad de aceite de coco o de oliva para evitar que los panqueques se peguen.
3. Cocinar los panqueques:
   Vierte una porción de la mezcla en la sartén, formando pequeños panqueques.
   Cocina durante unos 3-4 minutos por cada lado, o hasta que estén dorados y cocidos por dentro.
4. Servir:

   Sirve los panqueques de batata calientes, decorados con un poco más de nueces picadas y romero fresco por encima, si lo deseas.

3 - Salsa de Limón y Albahaca para los Panqueques (o para una ensalada o como dip para vegetales crudos)

Ingredientes:
- Jugo de 1 limón
- 1 cucharada de aceite de oliva virgen

- 1 puñado de hojas frescas de albahaca
- 1 diente de ajo pequeño, finamente picado
- 1 cucharadita de miel o sirope de agave
- Una pizca de sal marina
- Pimienta negra recién molida (al gusto)

Preparación:
1. En un mortero o procesador de alimentos, machaca o mezcla las hojas de albahaca junto con el diente de ajo, hasta formar una pasta suave.
2. Añade el jugo de limón, el aceite de oliva, la miel (si la usas), y sazona con sal y pimienta.
3. Mezcla bien todos los ingredientes hasta que obtengas una salsa homogénea.
4. Prueba la salsa y ajusta el sabor si es necesario, añadiendo más limón o miel según tu preferencia.

4 - Ensalada de Brócoli con Espinacas y Manzana

Ingredientes:
- 1 brócoli pequeño, cortado en floretes
- 1 taza de espinacas frescas
- 1 manzana cortada en cubos
- 1 cucharada de aceite de oliva
- Jugo de 1 limón
- 1 cucharadita de cúrcuma
- Menta fresca (o en seca pero la hidratas antes de usarla)
- Sal y pimienta al gusto

Preparación:
1. Cocina el brócoli al vapor durante 5-7 minutos.
2. En un bol grande, mezcla el brócoli al vapor, las espinacas frescas y los cubos de manzana.
3. Aliña con aceite de oliva, jugo de limón, la menta, cúrcuma, sal y pimienta.

5 - Bowl de Salmón y Espinacas con Vinagreta de Jengibre y Limón

Ingredientes:
- 1 filete de salmón
- 2 tazas de espinacas frescas
- 1/2 pepino, en rodajas
- 1/4 de cebolla morada, en rodajas finas
- 1/2 aguacate
- 1 cucharada de semillas de sésamo tostado (
- Un puñado de hojas frescas de menta y/o albahaca
- Jugo de 1/2 limón
- 1 cucharada de aceite de oliva extra virgen
- 1 cucharadita de jengibre fresco rallado
- Sal marina y pimienta negra al gusto

Preparación:
1. Cocinar el salmón:
   Sazona el filete de salmón con una pizca de sal y pimienta.
   Cocina en una sartén caliente con un poco de aceite de oliva a fuego medio durante 3-4 minutos por cada lado, hasta que esté bien cocido. Deja enfriar un poco y desmenúzalo en trozos grandes.
2. Preparar la base:
   Coloca las espinacas frescas en el fondo de un bowl grande como base.
3. Montar el bowl:
   Añade el pepino en rodajas, la cebolla morada, y si lo deseas, el aguacate cortado en láminas.
   Coloca el salmón desmenuzado por encima.
4. Vinagreta de jengibre y limón:
   En un tazón pequeño, mezcla el jugo de limón, el aceite de oliva, el jengibre rallado, una pizca de sal marina y pimienta negra.

Mezcla bien hasta que esté homogénea.
5. Terminar y servir:
Rocía la vinagreta sobre el bowl. Espolvorea con las semillas de sésamo tostado y las hojas de menta frescas para darle un toque aromático y refrescante.

6 - Alcachofas Salteadas con Limón y Ajo

Ingredientes:
- 4 alcachofas frescas (puedes usar corazones de alcachofa si lo prefieres)
- 2 dientes de ajo, picados finamente
- Jugo de 1 limón
- 2 cucharadas de aceite de oliva extra virgen
- 1 cucharadita de romero fresco, picado (opcional, para apoyar el hígado)
- Sal marina y pimienta negra al gusto
- Agua para cocinar las alcachofas
- Perejil fresco picado (opcional, para decorar)

Instrucciones:
1. Preparar las alcachofas:
Si usas alcachofas frescas, comienza cortando los tallos y retirando las hojas exteriores más duras. Corta las puntas de las hojas y parte las alcachofas por la mitad.
Si usas corazones de alcachofa en conserva, escúrrelos bien y resérvalos.
2. Cocinar las alcachofas:
En una olla grande, hierve agua con una pizca de sal. Añade las mitades de las alcachofas frescas y cocina durante unos 15-20 minutos, hasta que estén tiernas.
Escúrrelas y deja enfriar ligeramente.

Si usas corazones de alcachofa, no es necesario este paso.
3. Saltear las alcachofas:
En una sartén grande, calienta el aceite de oliva a fuego medio. Añade los dientes de ajo picados y sofríe durante 1-2 minutos hasta que estén dorados y fragantes.
Añade las alcachofas cocidas (o los corazones de alcachofa) y saltea durante unos 5 minutos, hasta que estén ligeramente doradas por fuera.
4. Añadir el limón y el romero:
Exprime el jugo de limón sobre las alcachofas mientras las salteas. Añade el romero fresco picado, sal y pimienta al gusto. Cocina por 1-2 minutos más, permitiendo que las alcachofas absorban los sabores.
5. Servir:
Retira las alcachofas del fuego y sirve con perejil fresco picado por encima, si lo deseas.

7 - Berenjenas Salteadas con Espinacas y Hierbas Verdes

Ingredientes:
- 2 berenjenas medianas, cortadas en rodajas finas
- 2 tazas de espinacas frescas
- 1 puñado de hojas de perejil fresco, picado
- 1 puñado de albahaca fresca, picada
- 1 diente de ajo, picado
- 1 cucharadita de jengibre fresco rallado (opcional, si es bien tolerado)
- 1 cucharada de aceite de sésamo o aceite de oliva
- Jugo de 1/2 limón
- Sal marina al gusto
- Pimienta negra al gusto (opcional)

Preparación:
1. Preparar las berenjenas: Corta las berenjenas en rodajas finas y espolvoréalas con sal marina. Déjalas reposar durante unos 20 minutos para que liberen su amargor. Luego enjuágalas con agua y sécalas bien.
2. Saltear las berenjenas: En una sartén grande, calienta el aceite de sésamo o de oliva a fuego medio. Añade las rodajas de berenjena y cocina durante 5-7 minutos, o hasta que estén doradas y tiernas. Retira las berenjenas de la sartén y resérvalas.
3. Saltear las espinacas y las hierbas: En la misma sartén, agrega el ajo picado y el jengibre rallado (si lo usas), y sofríe durante un minuto hasta que liberen su aroma. Luego añade las espinacas frescas y saltea por 2-3 minutos hasta que se marchiten.
4. Mezclar todo: Vuelve a agregar las berenjenas a la sartén junto con las espinacas. Añade el perejil y la albahaca fresca, mezclando todo bien. Cocina durante 2 minutos adicionales para que los sabores se integren.
5. Aliñar: Justo antes de servir, exprime el jugo de limón sobre las berenjenas y espinacas. Añade sal marina al gusto y, si lo deseas, una pizca de pimienta negra.

8 - Pudín de Chía con Limón y Moras

Ingredientes:
- 3 cucharadas de semillas de chía
- 1 taza de leche vegetal (almendra, coco, o cualquier opción sin cereales)
- 1 cucharadita de ralladura de limón
- Jugo de 1 limón
- 1/2 taza de moras frescas o congeladas
- 1 cucharada de miel o jarabe de agave (opcional)
- Ralladura de limón extra para decorar
- Hojas de menta (opcional, para decorar)

Instrucciones:
1. Preparar el pudín:
   En un bol, mezcla las semillas de chía con la leche vegetal, la ralladura y el jugo de limón. Añade miel o jarabe de agave si prefieres un toque dulce.
   Deja reposar en la nevera durante al menos 4 horas o durante toda la noche, para que las semillas de chía absorban el líquido y adquieran una textura de pudín.
2. Servir:
   Cuando el pudín esté listo, sirve en porciones individuales. Añade las moras frescas por encima y decora con ralladura de limón extra y unas hojas de menta si lo deseas.

9 - Pie de Limón Vegano con Base de Nueces

Ingredientes:
Para la base:
- 1 1/2 tazas de nueces (benefician el hígado y son ricas en grasas saludables)
- 1 taza de dátiles sin hueso (aporta dulzor natural)
- 1/4 de cucharadita de sal marina
- 1 cucharada de aceite de coco (opcional, para una base más firme)

Para el relleno:
- 1 taza de leche de coco
- 1/4 taza de jugo de limón fresco
- 1/4 taza de jarabe de agave o sirope de arce

- 1/2 taza de anacardo/marañones crudos (remojados en agua al menos 4 horas)
- 2 cucharadas de aceite de coco derretido
- 1 cucharada de ralladura de limón
- 1/4 de cucharadita de cúrcuma (opcional, para color y propiedades antiinflamatorias)

Preparación:
Para la base:
1. Preparar la base de nueces:
   En un procesador de alimentos, mezcla las nueces, los dátiles y la sal marina hasta obtener una mezcla pegajosa que se pueda presionar fácilmente. Si es necesario, añade el aceite de coco para que quede más firme.
   Presiona esta mezcla uniformemente en el fondo de un molde para tartas o en moldes individuales.
   Coloca la base en el refrigerador mientras preparas el relleno.

Para el relleno:
2. Mezclar el relleno de limón:
   Escurre los anacardos remojados y colócalos en una licuadora junto con la leche de coco, el jugo de limón, el jarabe de agave, el aceite de coco y la ralladura de limón.
   Si deseas un color más vibrante y los beneficios antiinflamatorios, añade una pizca de cúrcuma.
   Mezcla a alta velocidad hasta que la mezcla quede completamente suave y cremosa.
3. Verter el relleno:
   Vierte el relleno sobre la base de nueces en el molde. Alisa la parte superior con una espátula.
4. Refrigerar:
   Coloca el pie en el refrigerador durante al menos 4 horas, o hasta que el relleno esté firme y se haya asentado por completo.
5. Decorar y servir:
   Decora el pie con rodajas de limón, ralladura de limón extra, o incluso unas nueces picadas para darle un toque crujiente.
   Sirve frío y disfruta de un postre refrescante, nutritivo y beneficioso para el hígado.

INGREDIENTES PARA LAS RECETAS DEL HÍGADO

- Aceite de ajonjolí (sésamo) tostado
- Aceite de coco
- Aceite de oliva extra virgen
- Aguacate
- Ajo
- Albahaca fresca
- Alcachofas frescas (o corazones de alcachofa)
- Anacardos/marañones crudos
- Brocoli
- Berenjena
- Cardamomo
- Cebolla morada
- Cilantro fresco
- Ciruelas
- Cúrcuma en polvo (o fresca)
- Dátiles sin hueso
- Espinacas frescas
- Hojas de menta fresca
- Jengibre fresco
- Jugo de limón
- Leche de coco
- Leche vegetal (almendra, coco, u otra)
- Manzana
- Menta fresca
- Miel o jarabe de agave
- Moras frescas o congeladas
- Nueces
- Pepino
- Perejil fresco
- Romero fresco
- Sal marina
- Salmón
- Semillas de chía
- Semillas de sésamo
- Zanahoria

3
PULMONES

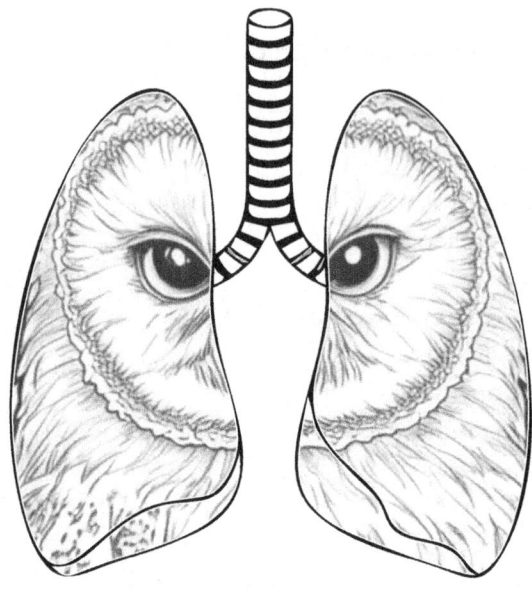

Asociado a este órgano podemos trabajar como Tótem al Búho, que nos ayudara para superar:

• Tristeza profunda: Sentimiento de melancolía o pérdida.
• Aislamiento: Tendencia a alejarse de los demás o evitar el contacto emocional.
• Dificultad para dejar ir: Apegos emocionales que son difíciles de soltar.

Medita en las situaciones donde sientes estas emociones mientras coloreas. Puedes hacer apuntes y pedirle al espíritu del Búho que te muestre donde puedes encontrar apoyo emocional y verdadero amor con el que nutrirte y sostener tu vida. Pídele que te enseñe en quien confiar.

Mis notas

Causas de estrés para el pulmón:

- **Tristeza y pena:** Según la MTC, el pulmón está asociado con la emoción de la tristeza. Emociones reprimidas o sufrimiento emocional pueden debilitar el Qi del pulmón.
- **Exceso de sequedad:** El pulmón se ve afectado por condiciones secas, lo que genera debilidad en su función.
- **Exposición a factores externos:** Viento frío, sequedad, y contaminantes pueden debilitar el pulmón.
- **Falta de ejercicio respiratorio:** La falta de ejercicios que promuevan la respiración profunda, como yoga o meditación, impide que el pulmón funcione correctamente.

Alimentos beneficiosos para el pulmón:

- Alimentos hidratantes: Peras, rábanos, manzanas, ayudan a mantener el pulmón hidratado.
- Alimentos blancos: Según la MTC, los alimentos blancos, como la cebolla, el ajo, el rábano blanco (nabo), y la coliflor, benefician al pulmón.
- Verduras crucíferas: Brócoli, col rizada, coliflor, que ayudan a desintoxicar los pulmones.
- Alimentos picantes suaves: El jengibre, el ajo y el rábano estimulan el flujo de Qi en el pulmón y promueven la eliminación de mucosidad.
- Alimentos ricos en vitamina C: Frutas cítricas, fresas, kiwi, que fortalecen el sistema inmunológico y protegen el pulmón.

Alimentos que generan estrés en el pulmón:

- Alimentos secos: Comidas secas y difíciles de digerir pueden empeorar la sequedad del pulmón.
- Exceso de lácteos y alimentos fríos: Estos generan exceso de flema y mucosidad, afectando al pulmón.
- Alimentos procesados y refinados: Contribuyen a la acumulación de flemas y debilitan la energía del pulmón.

Meridiano de los Pulmones:

- Cocciones recomendadas: Ligeramente más largas, vapor, hervido suave.
- Justificación: Los pulmones necesitan alimentos que humedezcan y nutran el Yin. Las sopas ligeras y cocciones a vapor son beneficiosas.
- Ajustes sugeridos: Cocciones al vapor de batata, zanahoria, y sopas ligeras que nutran los pulmones. Evita cocciones secas o muy pesadas.

RECETAS

1 - Batido de Pera, Jengibre, Manzana y Semillas de Chía

Ingredientes:
- 1 pera madura, pelada y cortada en trozos
- 1 manzana verde, sin semillas y cortada en trozos
- 1 rodaja de jengibre fresco (al gusto)
- 1 cucharada de semillas de chía (previamente remojadas en agua durante unos 10 minutos, si lo prefieres)
- Jugo de 1/2 limón
- 1 taza de agua o agua de coco

Instrucciones:
1. Preparar los ingredientes:
   Lava y corta la pera y la manzana en trozos pequeños. Pela y corta el jengibre.
   Si prefieres las semillas de chía previamente hidratadas, remójalas en agua por 10 minutos antes de usar.
2. Licuar:
   Coloca todos los ingredientes en la licuadora: pera, manzana, jengibre, semillas de chía, jugo de limón y agua. Licúa hasta obtener una mezcla suave y homogénea.
3. Servir:
   Sirve el batido inmediatamente y disfruta de una bebida refrescante, hidratante y nutritiva, perfecta para los pulmones según los principios de la MTC.

2 - Panqueques de Zanahoria y Almendras al Limón

Ingredientes:
- Zanahorias ralladas finamente (1 taza)
- Harina de almendras (1/2 taza)
- Huevos (2)
- Leche de coco o de almendras (1/4 taza)
- Jugo de limón (2 cucharadas)
- Ralladura de un limón
- Miel o sirope de agave (1 cucharada, opcional)
- Polvo de hornear (1/2 cucharadita)
- Esencia de vainilla (1 cucharadita)
- Canela (1/2 cucharadita)
- Aceite de coco para cocinar

Instrucciones:
1. En un bol, mezcla los huevos con la leche de coco o almendras, el jugo de limón, la miel (si la usas), y la vainilla.
2. Añade la harina de almendras, el polvo de hornear, la canela y la ralladura de limón. Mezcla bien hasta integrar todos los ingredientes.
3. Incorpora las zanahorias ralladas y mezcla nuevamente hasta que la masa esté homogénea.
4. Calienta una sartén antiadherente a fuego medio y agrega un poco de aceite de coco.
5. Vierte pequeñas porciones de la mezcla en la sartén formando panqueques y cocina hasta que aparezcan burbujas en la superficie (unos 2-3 minutos). Luego voltea y cocina el otro lado durante 1-2 minutos más.

6. Sirve los panqueques calientes, acompañados con un poco más de miel si lo prefieres o con rodajas de limón para realzar el sabor.

3 - Batido de Manzana, Rábano y Semillas de Chía

Ingredientes:
- 1 manzana
- 1/2 rábano blanco (daikon)
- 1 cucharada de semillas de chía (previamente remojadas)
- 1 taza de agua o agua de coco

Preparación:
- Coloca todos los ingredientes en una licuadora.
- Licúa hasta obtener una mezcla suave y homogénea.
- Sirve y disfruta de un batido que nutre los pulmones.

4 - Sopa de Cebolla para el Pulmón (sin lácteos ni cereales)

Ingredientes:
- 4 cebollas grandes, cortadas en rodajas finas
- 3 dientes de ajo picados
- 1 trozo pequeño de jengibre fresco (aprox. 1 cm), rallado
- 1 cucharada de aceite de coco o aceite de sésamo
- 1 litro de caldo vegetal (preferentemente casero, sin aditivos ni gluten), (ver la receta al final del libro)
- 1 cucharadita de cúrcuma en polvo
- 1/2 cucharadita de tomillo seco
- 1 hoja de laurel
- Pimienta blanca al gusto
- Sal marina al gusto
- Unas ramitas de cilantro fresco para decorar (opcional)
- Unas gotas de jugo de limón (opcional)

Instrucciones:
1. Preparar las cebollas: Calienta el aceite de coco o sésamo en una olla grande a fuego medio. Añade las cebollas y cocínalas lentamente durante unos 10-15 minutos, removiendo ocasionalmente hasta que estén bien doradas y caramelizadas. Esto le dará un sabor profundo y dulce a la sopa, ideal para nutrir los pulmones.
1. Añadir el ajo y jengibre: Cuando las cebollas estén listas, añade el ajo picado y el jengibre rallado. Cocina por 2-3 minutos más hasta que estén fragantes, asegurándote de no quemar el ajo.
2. Incorporar los condimentos: Añade la cúrcuma, el tomillo, la pimienta blanca y la hoja de laurel. Mezcla bien para que las especias se integren con la cebolla.
3. Agregar el caldo: Vierte el caldo vegetal en la olla y lleva a ebullición. Una vez que hierva, reduce el fuego y deja cocinar a fuego lento durante 20-25 minutos, permitiendo que todos los sabores se integren.
4. Ajustar sazón: Prueba la sopa y ajusta la sal y la pimienta al gusto. Si lo prefieres, añade unas gotas de jugo de limón para darle un toque fresco y ácido que apoya la limpieza pulmonar.
5. Servir: Retira la hoja de laurel y sirve la sopa caliente. Decora con unas ramitas de cilantro fresco si lo deseas.

5 - Arroz de Coliflor con Lemongrass, Manzana y Pechuga de Pollo (bueno para el pulmón)

Ingredientes:
- 1 coliflor grande (para hacer el "arroz")
- 1 manzana verde o roja, en cubos pequeños
- 1 pechuga de pollo (aproximadamente 200 g), cortada en tiras o cubos pequeños
- 1 tallo de lemongrass (solo la parte blanca), finamente picado o machacado
- 1 diente de ajo picado
- 1 trozo pequeño de jengibre fresco rallado (aprox. 1 cm)
- 2 cucharadas de aceite de coco o sésamo (dividido)
- 1 cucharada de jugo de limón fresco
- 1/2 cucharadita de cúrcuma en polvo
- Sal marina al gusto
- Pimienta blanca al gusto
- Cilantro fresco picado para decorar (opcional)
- Semillas de sésamo blanco (opcional)

Instrucciones:
1. Preparar el "arroz" de coliflor: Corta la coliflor en floretes y procésala en un procesador de alimentos hasta que tenga la consistencia de granos de arroz. Si no tienes procesador, puedes rallarla con un rallador de mano.
1. Cocinar el pollo: Calienta 1 cucharada de aceite de coco o sésamo en una sartén grande a fuego medio-alto. Añade las tiras o cubos de pechuga de pollo y cocina hasta que estén dorados por fuera y bien cocidos por dentro, unos 5-7 minutos. Retira el pollo de la sartén y resérvalo.
2. Saltear los aromáticos: En la misma sartén, agrega la otra cucharada de aceite de coco o sésamo. Añade el ajo, el jengibre y el lemongrass picado. Cocina durante 2-3 minutos hasta que los aromáticos estén fragantes.
3. Cocinar la coliflor: Añade el "arroz" de coliflor a la sartén y revuelve bien para mezclar con los aromáticos. Cocina a fuego medio-alto durante 5-7 minutos, removiendo frecuentemente para que se cocine de manera uniforme.
4. Añadir la manzana y el pollo: Cuando la coliflor esté casi lista, añade los cubos de manzana, el pollo cocido y la cúrcuma en polvo. Cocina todo junto por 2-3 minutos más, permitiendo que los sabores se mezclen bien.
5. Ajustar el sabor: Añade el jugo de limón, sal marina y pimienta blanca al gusto. Remueve bien y ajusta los condimentos si es necesario.
6. Servir: Sirve el "arroz" de coliflor con pollo caliente, decorado con cilantro fresco picado y, si lo deseas, algunas semillas de sésamo blanco.

6 - Ensalada de Rábanos, Peras y Espinacas

Ingredientes:
- 1 taza de espinacas frescas
- 1 pera madura, en rodajas finas
- 4 rábanos en rodajas finas
- Jugo de 1/2 limón
- 1 cucharada de aceite de oliva
- Sal y pimienta al gusto

Preparación:
1. Lava y corta las espinacas, las peras y los rábanos.
2. Coloca todos los ingredientes en un bol grande.
3. Aliña con jugo de limón, aceite de oliva, sal y pimienta. Mezcla bien y sirve.

7 - Sopa de Calabacín, Tomillo y Orégano

Ingredientes:
- 2 calabacines medianos, cortados en rodajas
- 1 puerro pequeño, en rodajas finas
- 2 dientes de ajo picados
- 1 cucharadita de tomillo fresco o seco
- 2 cucharadas de aceite de oliva extra virgen
- 4 tazas de caldo de verduras (preferiblemente casero)
- Jugo de 1/2 limón
- Sal marina y pimienta al gusto
- Semillas de sésamo o perejil fresco para decorar (opcional)

Preparación:
1. Saltear las verduras:
   En una olla grande, calienta el aceite de oliva a fuego medio.
   Añade el puerro y el ajo, y sofríelos durante unos minutos hasta que estén suaves y fragantes.
   Añade el tomillo y el orégano y cocina por 1 minuto más para liberar su aroma.
2. Añadir los calabacines:
   Agrega las rodajas de calabacín a la olla y remueve bien para que se mezclen con el puerro, ajo y tomillo.
   Cocina durante 5-6 minutos, hasta que los calabacines estén tiernos pero no deshechos.
3. Cocinar la sopa:
   Vierte el caldo de verduras en la olla y lleva a ebullición.
   Reduce el fuego y cocina a fuego lento durante 10-15 minutos, hasta que los calabacines estén completamente cocidos.
4. Licuar la sopa:
   Retira la olla del fuego y, con cuidado, licúa la sopa hasta obtener una textura suave y cremosa. Puedes usar una licuadora o una batidora de mano.
   Si prefieres una sopa más líquida, puedes añadir un poco más de caldo.
5. Ajustar el sabor:
   Añade el jugo de limón, sal y pimienta al gusto.
   Mezcla bien y ajusta los sabores si es necesario.
6. Servir:
   Sirve la sopa caliente y, si lo deseas, decora con un poco de perejil fresco o semillas de sésamo tostadas por encima.

8 - Wok de Col con Aceite de Ajonjolí (Sésamo)

Ingredientes:
- 1/2 col (repollo) mediana, cortada en tiras finas
- 1 zanahoria, cortada en tiras finas o en rodajas
- 1 diente de ajo, picado
- 1 cucharadita de jengibre fresco, rallado
- 1 cucharada de aceite de ajonjolí (sésamo) tostado
- 1 cucharada de aceite de oliva o de coco (para cocinar)
- 1 cucharadita de semillas de sésamo (opcional, para decorar)
- 2 cucharadas de cilantro fresco, picado
- Jugo de 1/2 limón o lima (opcional, para un toque ácido)
- Sal marina y pimienta al gusto

Instrucciones:
1. Calentar el wok:
   En un wok o sartén grande, calienta el aceite de oliva o coco a fuego medio-alto.
2. Saltear el ajo y el jengibre:
   Añade el ajo picado y el jengibre rallado al wok. Sofríe durante 1-2 minutos hasta que estén fragantes, pero sin que se quemen.
3. Agregar la col y la zanahoria:
   Añade las tiras de col y zanahoria al wok, mezclando bien con el ajo y el jengibre. Saltea durante 5-7 minutos, hasta que las verduras estén tiernas pero aún crujientes.
4. Añadir el aceite de ajonjolí:
   Retira el wok del fuego y añade el aceite de ajonjolí tostado, mezclando bien para que las verduras absorban su sabor.
5. Aliñar y decorar:
   Si lo deseas, exprime el jugo de limón o lima sobre las verduras para un toque ácido que beneficia al hígado. Agrega sal y pimienta al gusto.
   Decora con las semillas de sésamo y el cilantro fresco picado antes de servir.

9 - Gelatina de Coco con Peras

Ingredientes:
- 1 lata de leche de coco
- 1 pera madura, en cubos pequeños
- 2 cucharadas de gelatina sin sabor (o agar-agar para una opción vegana)
- 1-2 cucharadas de miel o jarabe de agave (opcional)
- 1/2 cucharadita de extracto de vainilla

Preparación:
1. Calienta la leche de coco a fuego bajo.
2. Disuelve la gelatina en agua tibia y añádela a la leche de coco.
3. Añade el extracto de vainilla y la miel si lo deseas.
4. Vierte en moldes individuales y añade los cubos de pera.
5. Refrigera hasta que la gelatina esté firme.

10 - Mousse de Banano y Mantequilla de Almendra con Anís Estrellado y Canela (bueno para el pulmón)

Ingredientes:
- 3 bananos maduros
- 1/2 taza de mantequilla de almendra casera (ver receta más abajo)
- 1 cucharadita de canela en polvo
- 1 anís estrellado entero
- 1/2 cucharadita de extracto de vainilla
- 2-3 cucharadas de miel o sirope de agave (opcional)
- 1/4 taza de leche de almendra o coco (sin endulzar)
- Una pizca de sal marina
- Canela en polvo extra para decorar

Para la Mantequilla de Almendra Casera:
- 1 taza de almendras crudas
- 1 cucharada de aceite de coco (opcional)
- Pizca de sal marina

Instrucciones:
1. Hacer la mantequilla de almendra casera: Precalienta el horno a 180°C. Coloca las almendras en una bandeja para hornear y tuéstalas durante 10-12 minutos, removiendo a mitad de tiempo. Deja enfriar.
   Una vez frías, colócalas en un procesador de alimentos y procesa hasta que se forme una pasta suave. Esto puede tardar unos 10-15 minutos, raspando los

lados ocasionalmente. Añade una cucharada de aceite de coco si necesitas que la mezcla sea más suave.
Añade una pizca de sal marina al final y procesa nuevamente por unos segundos. Reserva.
2. Infusionar el anís estrellado:
En una pequeña cacerola, calienta la leche de almendra o coco junto con el anís estrellado a fuego lento durante 5-7 minutos para que infusione el aroma. Retira del fuego, deja enfriar y retira el anís estrellado.
3. Preparar la mousse:
En una licuadora o procesador de alimentos, coloca los bananos maduros, la mantequilla de almendra, la canela, el extracto de vainilla, la miel o sirope de agave (si lo estás usando), y la leche infusionada con anís estrellado.
Procesa hasta que obtengas una mezcla suave y cremosa. Si prefieres una textura más ligera, puedes añadir un poco más de leche de almendra.
4. Ajustar los sabores:
Prueba la mousse y ajusta el dulzor o la canela según tu gusto.
5. Servir:
Vierte la mousse en vasos o recipientes pequeños y enfría en el refrigerador durante al menos 1 hora antes de servir.
Justo antes de servir, espolvorea un poco más de canela en polvo por encima para decorar.

11 - Dip de Rábano, Yogur de Coco, Jengibre y Especias

Ingredientes:
- 1 taza de yogur de coco
- 1/2 taza de rábanos rallados
- 1 cucharadita de jengibre fresco rallado
- 1 cucharadita de jugo de limón
- 1 cucharada de aceite de oliva extra virgen
- 1 diente de ajo pequeño, picado
- 1/4 cucharadita de cúrcuma
- 1/4 cucharadita de comino molido
- 1/4 cucharadita de pimienta negra
- 1/2 cucharadita de semillas de hinojo molidas
- Sal marina y pimienta al gusto
- Unas hojas frescas de menta picadas

Preparación:
1. Preparar los ingredientes:
Ralla los rábanos y el jengibre fresco.
Pica el ajo (si lo usas) y las hojas de menta.
2. Tostar las especias:
En una sartén pequeña, tuesta ligeramente las semillas de hinojo y el comino durante unos 30 segundos a fuego medio, solo hasta que desprendan su aroma (esto potencia su sabor).
3. Mezclar el dip:
En un bol, mezcla el yogur de coco con el jugo de limón, los rábanos rallados y el jengibre.
Añade el aceite de oliva, el ajo picado (si lo usas), la cúrcuma, el comino, las semillas de hinojo tostadas y la pimienta negra.
Incorpora la sal al gusto y mezcla bien.
4. Ajustar los sabores:
Prueba el dip y ajusta el sabor con más jugo de limón, sal o pimienta según tu gusto.
5. Decorar y servir:
Decora con las hojas frescas de menta picadas por encima.
Sirve el dip acompañado de vegetales crudos como palitos de zanahoria, pepino, apio o galletas saludables.

INGREDIENTES PARA RECETAS DE PULMÓN

- Aceite de coco
- Aceite de oliva
- Ajo
- Anís estrellado
- Banano
- Calabacines
- Caldo de verduras
- Caldo vegetal
- Canela en polvo
- Cilantro fresco
- Coliflor
- Cúrcuma en polvo
- Extracto de vainilla
- Espinacas
- Gelatina sin sabor o agar-agar
- Harina de almendras
- Hinojo molido
- Hoja de laurel
- Huevos
- Jengibre fresco
- Jugo de limón
- Lemongrass
- Leche de almendra o coco
- Mantequilla de almendra casera
- Manzana
- Menta fresca
- Miel o sirope de agave
- Pera
- Pechuga de pollo
- Perejil fresco
- Pimienta blanca
- Pimienta negra
- Polvo de hornear
- Puerro
- Rábanos
- Rábano blanco (daikon)
- Ralladura de limón
- Repollo
- Sal marina
- Semillas de chía
- Semillas de hinojo molidas
- Semillas de sésamo blanco
- Tomillo fresco o seco
- Yogur de coco
- Zanahorias

CUARTO CRECIENTE

La Luna se está "llenando" y vemos la mitad derecha iluminada. El Sol, la Tierra y la Luna forman un ángulo de 90 . Las mareas son más suaves porque la fuerza gravitatoria del Sol y la Luna no se alinean completamente.

Órganos y meridianos para trabajar en esta fase lunar: Intestino Grueso, Estómago, Bazo Páncreas.

4
INTESTINO GRUESO

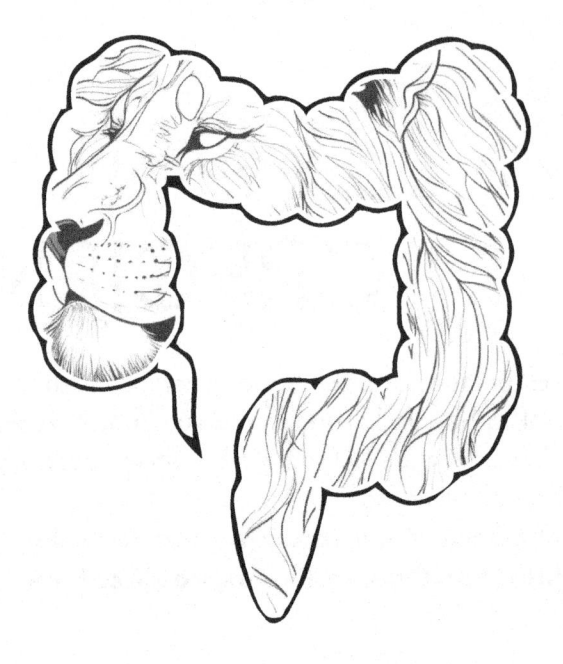

Asociado a este órgano podemos trabajar como Tótem al León, que nos ayudará para superar:

• Rigidez mental: Dificultad para adaptarse a nuevas ideas o cambios.
• Sentimiento de carga: Sensación de estar abrumado por responsabilidades.
• Pesimismo: Actitud negativa hacia el futuro.

Medita mientras coloreas en las situaciones donde sientes estas emociones. Puedes hacer apuntes y pedirle al espíritu del León que te muestre como conectar con tu lado mas creativo y aprender a ser responsable de todas tus emociones para poder modificarlas y mejorarlas.

Mis notas

....
....
....
....
....
....

Causas de estrés para el intestino grueso:

- **Sequedad interna:** El intestino grueso se ve afectado por la falta de humedad, lo que causa estreñimiento y acumulación de toxinas.
- **Emociones reprimidas:** Según la MTC, el intestino grueso está vinculado a la capacidad de "dejar ir". Emociones retenidas, tristeza o apego generan estrés en este órgano.
- **Dieta baja en fibra:** La falta de alimentos ricos en fibra dificulta el movimiento intestinal.
- **Exceso de alimentos fríos y crudos:** Afectan la capacidad del intestino grueso para procesar adecuadamente los alimentos.

Alimentos beneficiosos para el intestino grueso:

- Alimentos ricos en fibra: Alcachofas, rábanos, espárragos, ayudan a regular el tránsito intestinal.
- Verduras amargas y ligeramente picantes: Rúcula, escarola, favorecen la eliminación de toxinas.
- Frutas hidratantes: Peras, manzanas, hidratan el intestino y previenen el estreñimiento. Buenas son la papaya, kiwi, uvas, melón.
- Alimentos fermentados: Como el chucrut o los encurtidos, promueven una microbiota intestinal sana.

Alimentos que generan estrés en el intestino grueso:

- Alimentos procesados: Contribuyen a la acumulación de toxinas y dificultan el movimiento intestinal.
- Azúcares refinados y grasas saturadas: Causan inflamación y desequilibrio en la microbiota intestinal.
- Alimentos fríos y crudos en exceso: Pueden generar debilidad en el intestino, dificultando su función.

Meridiano del Intestino Grueso:

- Cocciones recomendadas: Cocido, vapor, ligero.
- Justificación: El intestino grueso se beneficia de alimentos que mantengan la humedad. Las cocciones como hervidos y vapores ligeros son adecuadas.
- Ajustes sugeridos: Cocciones al vapor de verduras, guisos suaves que no resequen el sistema digestivo. Evita fritos y alimentos secos.

RECETAS

1- Batido de Papaya y Leche de Almendras

Ingredientes:
- 1/2 taza de papaya en cubos
- 1 taza de leche de almendras
- 1 cucharada de semillas de chía (opcional para fibra extra)
- 1 cucharadita de miel o jarabe de agave

Preparación:
1. Coloca todos los ingredientes en una licuadora.
2. Licúa hasta obtener una mezcla suave. Sirve frío y disfruta de un batido hidratante y suave para el intestino.

2- Tostadas de Batata con Rúcula y Hummus

Ingredientes:
- 1 batata mediana, cortada en rodajas finas
- 1 puñado de rúcula fresca
- 2 cucharadas de hummus
- Jugo de 1/2 limón
- 1 cucharada de aceite de oliva
- Sal y pimienta al gusto

Preparación:
1. Precalienta el horno a 200°C.
2. Coloca las rodajas de batata en una bandeja para hornear y rocía con aceite de oliva. Hornéalas durante 15-20 minutos o hasta que estén crujientes.
3. Unta las rodajas de batata con hummus y añade la rúcula por encima.
4. Rocía con jugo de limón, sal y pimienta al gusto.

3 - Hummus de Zanahoria Sin Garbanzos (bueno para el intestino grueso)

Ingredientes:
- 4 zanahorias grandes, peladas y cortadas en rodajas
- 2 cucharadas de tahini (pasta de sésamo)
- 1 diente de ajo picado
- Jugo de 1/2 limón
- 1 cucharadita de comino en polvo (opcional)
- 2 cucharadas de aceite de oliva extra virgen
- Sal marina al gusto
- Pimienta negra al gusto
- Agua o caldo de vegetales (opcional, para ajustar la consistencia)
- Perejil fresco picado (opcional, para decorar)

Instrucciones:
1. Cocinar las zanahorias: Cocina las zanahorias en agua hirviendo durante unos 10-12 minutos, o hasta que estén bien tiernas. Escúrrelas y deja que se enfríen un poco.
2. Preparar el hummus: En una licuadora o procesador de alimentos, coloca las zanahorias cocidas, el tahini, el ajo, el jugo de limón, el comino, el aceite de oliva, la sal y la pimienta.
3. Licuar: Procesa todos los ingredientes hasta que obtengas una textura suave y cremosa. Si prefieres una consistencia más ligera, puedes agregar un poco de agua o caldo de vegetales hasta alcanzar la textura deseada.

4. Ajustar el sabor: Prueba y ajusta la sal, pimienta o jugo de limón según tu preferencia.
5. Servir: Sirve el hummus en un bol y decora con un chorrito de aceite de oliva y perejil fresco picado si lo deseas. Puedes acompañarlo con palitos de verduras como zanahorias, pepinos o espárragos.

4 - Tortilla de Huevo con Espinacas y Zanahoria

Ingredientes:
- 2 huevos
- 1 taza de espinacas frescas
- 1 zanahoria pequeña, rallada
- 1 cucharada de aceite de oliva extra virgen
- Sal marina al gusto
- Pimienta negra al gusto (opcional)

Preparación:
1. Saltear las espinacas y la zanahoria:
   En una sartén, calienta el aceite de oliva a fuego medio.
   Añade las espinacas frescas y la zanahoria rallada, y saltea durante unos 3-4 minutos hasta que las espinacas se marchiten y la zanahoria esté ligeramente cocida.
2. Preparar los huevos:
   En un bol, bate los huevos con una pizca de sal y pimienta al gusto.
3. Cocinar la tortilla:
   Vierte los huevos batidos sobre las espinacas y la zanahoria en la sartén.
   Cocina a fuego medio hasta que los bordes comiencen a cuajarse.
   Dobla la tortilla por la mitad y cocina hasta que esté completamente hecha pero aún suave.

4. Servir:
   Sirve la tortilla caliente. Puedes acompañarla con un poco de pan sin gluten o una ensalada fresca si lo deseas.

5 - Hamburguesas de Lentejas Remojadas con Nueces (Sin Cereales)

Ingredientes:
- 1 taza de lentejas remojadas (en agua durante la noche)
- 1/2 taza de nueces picadas
- 1 zanahoria rallada
- 1/2 cebolla pequeña, picada
- 1 diente de ajo picado
- 1 cucharada de semillas de lino (linaza) remojadas (aportan fibra y ayudan a ligar la mezcla)
- 1 cucharadita de comino en polvo y también una pizca de canela.
- 1 cucharada de aceite de oliva extra virgen
- Sal marina y pimienta al gusto

Preparación:
1. Preparar las lentejas:
   Remoja las lentejas en agua durante toda la noche. Al día siguiente, escúrrelas y enjuágalas bien. No las cocines, ya que las usaremos crudas en la mezcla.
2. Procesar las lentejas:
   Coloca las lentejas remojadas en un procesador de alimentos y tritúralas hasta que obtengas una textura granulada. No las hagas puré completamente, solo lo suficiente para que se puedan unir con los otros ingredientes.
3. Mezclar los ingredientes:
   En un bol grande, mezcla las lentejas trituradas con las nueces picadas, la zanahoria rallada, la cebolla, el ajo y las semillas de lino remojadas.

Añade el comino, la sal marina, la pimienta y el aceite de oliva. Mezcla bien hasta obtener una masa homogénea.
4. Formar las hamburguesas:
Con las manos, forma pequeñas hamburguesas del tamaño deseado, presionando bien para que queden compactas.
5. Cocinar las hamburguesas:
Calienta una sartén a fuego medio con un poco de aceite de oliva. Cocina las hamburguesas durante 4-5 minutos por cada lado, hasta que estén doradas y crujientes por fuera.
6. Servir:
Sirve las hamburguesas acompañadas de una ensalada fresca o con guacamole, o simplemente solas con una salsa que te guste.

6 - Ensalada de Manzana, Pollo Desmenuzado, Menta y Rábano

Ingredientes:
- 1 pechuga de pollo orgánico desmenuzada
- 1 manzana verde, en rodajas finas
- 1 taza de rúcula fresca
- 1 zanahoria rallada
- 4 rábanos medianos, en rodajas finas
- 1/4 de pepino, en rodajas finas
- Unas hojas frescas de menta, picadas
- 1 cucharada de semillas de lino (linaza) molidas o enteras
- 1 cucharada de aceite de oliva extra virgen
- Jugo de 1/2 limón
- Sal marina al gusto
- Comino molido (1/4 cucharadita, para mejorar la digestión y mover el Qi en el intestino)

Preparación:
1. Preparar el pollo:
Cocina la pechuga de pollo en agua con un poco de sal. Una vez cocida, desmenúzala en tiras finas y deja enfriar.
2. Ensamblar la ensalada:
En un bol grande, mezcla la rúcula, la manzana en rodajas finas, la zanahoria rallada, el pepino, el rábano y la menta.
3. Añadir el pollo:
Incorpora el pollo desmenuzado a la ensalada.
4. Aliñar la ensalada:
En un bol pequeño, mezcla el jugo de limón, el aceite de oliva, el comino y la sal marina.
Vierte el aliño sobre la ensalada y mezcla bien para que todos los ingredientes queden bien impregnados.
5. Añadir las semillas de lino:
Espolvorea las semillas de lino sobre la ensalada justo antes de servir.

7 - Sopa Detox de Alcachofas, Zanahorias y Espárragos

Ingredientes:
- 2 alcachofas, limpias y cortadas en cuartos
- 2 zanahorias, peladas y cortadas en rodajas
- 1 taza de espárragos, en trozos
- 1 litro de caldo de verduras
- 1 diente de ajo picado
- Sal y pimienta al gusto

Preparación:
1. En una olla, calienta el caldo de verduras y añade las alcachofas, zanahorias y espárragos.

2. Cocina a fuego lento durante 20-25 minutos, hasta que las verduras estén tiernas.
3. Ajusta la sal y pimienta, y sirve caliente.

8 - Sopa de zanahoria con anís

Ingredientes:
- 4 zanahorias medianas, peladas y cortadas en rodajas
- 1/2 cucharadita de semillas de anís (o 1 estrella de anís)
- 1 cucharada de aceite de oliva
- 1 cebolla pequeña, picada
- 3 tazas de caldo de verduras
- Sal y pimienta al gusto

Preparación:
1. En una olla, calienta el aceite de oliva y sofríe la cebolla hasta que esté suave.
2. Añade las zanahorias y las semillas de anís, y cocina durante unos minutos.
3. Vierte el caldo de verduras (ver receta al final del libro) y cocina a fuego lento hasta que las zanahorias estén tiernas.
4. Licúa la sopa hasta obtener una textura suave. Sazona con sal y pimienta al gusto.
5. Sirve caliente. Si lo deseas, puedes decorar con un toque extra de anís o perejil.
Esta sopa es suave y calmante para el estómago, con la combinación perfecta de dulzura de las zanahorias y el toque aromático del anís.

9 - Crema de Lentejas con Toque de Tomillo y Romero

Ingredientes:
- 1 taza de lentejas
- 1 cebolla pequeña, picada
- 1 zanahoria, pelada y cortada en rodajas
- 2 dientes de ajo, picados
- 1 cucharadita de tomillo fresco o 1/2 cucharadita de tomillo seco
- 1/2 cucharadita de romero fresco o seco
- 1 cucharada de aceite de oliva extra virgen
- 4 tazas de caldo de verduras (preferiblemente casero o bajo en sodio)
- Sal marina y pimienta al gusto
- Jugo de 1/2 limón (para equilibrar los sabores)

Preparación:
1. Saltear los vegetales:
   En una olla grande, calienta el aceite de oliva a fuego medio. Añade la cebolla, el ajo y la zanahoria, y saltea durante unos 5-7 minutos, hasta que los vegetales estén suaves y fragantes.
2. Añadir las lentejas:
   Añade las lentejas a la olla junto con el tomillo y el romero. Remueve bien para que las lentejas se mezclen con los sabores aromáticos.
3. Cocinar las lentejas:
   Vierte el caldo de verduras en la olla y lleva a ebullición. Una vez que hierva, baja el fuego y cocina a fuego lento durante unos 25-30 minutos, o hasta que las lentejas estén bien cocidas y tiernas.
4. Licuar la sopa:
   Una vez que las lentejas estén cocidas, retira la olla del fuego. Usa una licuadora de mano o un procesador de alimentos para licuar la sopa hasta que tenga una consistencia suave y cremosa.
5. Ajustar los sabores:
   Añade sal marina y pimienta al gusto. Exprime el jugo de limón sobre la crema y mezcla bien.

6. Servir:
   Sirve la crema de lentejas caliente. Puedes decorar con un chorrito de aceite de oliva y una ramita de romero o tomillo fresco si lo deseas.

10 - Plato de Col Fermentada, Papa, Huevo Duro y Mostaza

Ingredientes:
- 2 papas medianas, peladas y cortadas en cubos
- 1 taza de col fermentada (chucrut)
- 1 cebolla pequeña, picada finamente
- 1 diente de ajo picado
- 2 cucharadas de aceite de oliva o de coco
- 1 huevo duro (o más, según tu preferencia)
- 1 cucharadita de comino en polvo (opcional)
- 1 cucharadita de mostaza Dijon (o al gusto)
- Sal marina al gusto
- Pimienta negra al gusto
- Perejil fresco picado (opcional, para decorar)
- Semillas de calabaza tostadas (opcional, para un toque crujiente)

Instrucciones:
1. Cocinar las papas:
   Cocina las papas en agua hirviendo con un poco de sal durante 10-12 minutos
   hasta que estén tiernas. Escúrrelas y resérvalas.
2. Preparar el huevo duro:
   Cocina el huevo en agua hirviendo durante unos 9-10 minutos. Luego, enfríalo en agua fría, pélalo y córtalo en rodajas o mitades.
3. Saltear las cebollas y el ajo:
   En una sartén, calienta el aceite de oliva o coco a fuego medio.
   Añade la cebolla picada y el ajo, y sofríelos durante 3-4 minutos hasta que estén suaves y fragantes.
4. Agregar la col fermentada:
   Incorpora la col fermentada (chucrut) y mezcla bien con las cebollas y el ajo. Cocina a fuego medio durante unos 5 minutos.
5. Añadir las papas:
   Añade las papas cocidas a la sartén y mezcla con cuidado. Si estás usando comino, agrégalo ahora y cocina durante otros 3-4 minutos.
6. Incorporar la mostaza:
   Añade la mostaza a la mezcla y revuelve bien para que los sabores se integren.
7. Ajustar el sabor:
   Añade sal marina y pimienta negra al gusto.
8. Servir:
   Sirve las papas y la col fermentada en un plato. Coloca el huevo duro cortado por encima.
   Decora con perejil fresco picado y, si lo deseas, añade semillas de calabaza tostadas.

11 - Compota de Manzana y Pera con Canela

Ingredientes:
- 2 manzanas verdes, peladas y cortadas en cubos
- 2 peras maduras, peladas y cortadas en cubos
- 1 cucharadita de canela en polvo
- 1/2 taza de agua

Preparación:
1. En una olla, coloca las manzanas, las peras y el agua.
2. Cocina a fuego lento durante 15-20 minutos, hasta que las frutas estén tiernas.
3. Espolvorea canela antes de servir.

12 - Turrón de Nueces, Ciruelas y Semillas de Lino

Ingredientes:
- 1 taza de nueces picadas
- 1/2 taza de ciruelas pasas
- 2 cucharadas de semillas de lino (linaza) molidas (fibra extra para el tránsito intestinal)
- 2 cucharadas de miel o jarabe de agave
- 1 cucharadita de canela en polvo
- 1/4 taza de coco rallado
- 1 cucharadita de extracto de vainilla
- 1 cucharada de aceite de coco

Preparación:
1. Preparar las ciruelas:
   Si las ciruelas pasas están muy secas, remójalas en agua tibia durante unos 10-15 minutos para rehidratarlas. Luego, córtalas en trozos pequeños.
2. Mezclar los ingredientes secos:
   En un bol grande, mezcla las nueces picadas, las ciruelas pasas, las semillas de lino molidas, el coco rallado (si lo usas) y la canela en polvo.
3. Añadir los ingredientes húmedos:
   En una sartén pequeña, derrite el aceite de coco a fuego bajo. Retíralo del fuego y añade la miel (o jarabe de agave) y el extracto de vainilla. Mezcla bien. Vierte esta mezcla sobre los ingredientes secos y remueve hasta que todo esté bien combinado.
4. Formar el turrón:
   Forra un molde rectangular con papel para hornear. Vierte la mezcla en el molde y presiona firmemente para que quede bien compacta.
5. Refrigerar:
   Coloca el molde en el refrigerador durante al menos 2 horas, o hasta que el turrón esté firme y listo para cortar.
6. Cortar y servir:
   Retira el turrón del molde y córtalo en barras o cuadros del tamaño que prefieras.

Lista de ingredientes utilizados para el Intestino Grueso:

- Aceite de coco
- Aceite de oliva
- Ajo
- Alcachofas
- Anís
- Batata
- Caldo de verduras
- Canela en polvo
- Cebolla
- Ciruelas pasas
- Col fermentada (chucrut)
- Comino en polvo
- Coco rallado
- Espárragos
- Espinacas
- Garbanzos
- Huevo duro
- Jugo de limón
- Lentejas
- Linaza (semillas de lino)
- Manzana
- Menta fresca
- Mostaza Dijon
- Miel o jarabe de agave
- Nueces
- Papaya
- Papa
- Pepino
- Perejil fresco
- Pera
- Pimienta negra
- Pollo desmenuzado
- Rábano
- Romero
- Rúcula
- Sal marina
- Semillas de calabaza tostadas
- Semillas de chía
- Tahini
- Tomillo
- Zanahorias

5
ESTÓMAGO

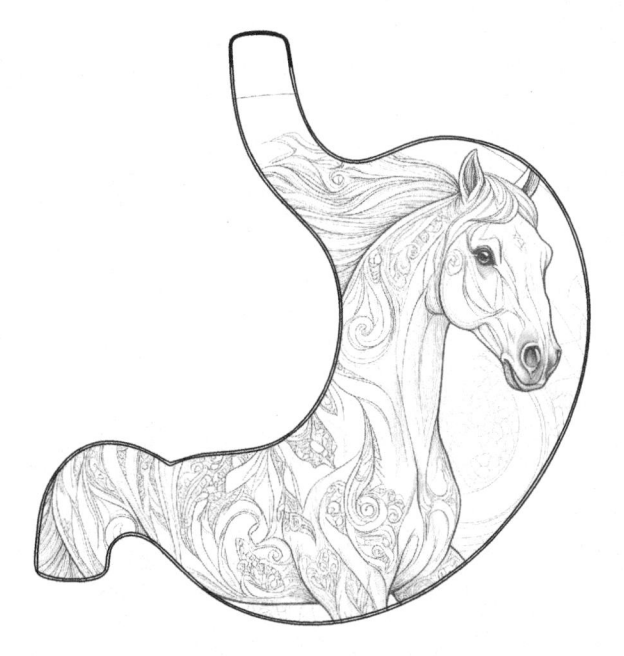

Asociado a este órgano podemos trabajar como Tótem al Caballo, que nos ayudará para:

• Preocupación excesiva: Darle demasiadas vueltas a los problemas.
• Ansiedad: Nerviosismo constante, especialmente relacionado con la comida.
• Falta de satisfacción: Sensación de vacío emocional que no se llena.

Medita mientras coloreas en las situaciones donde sientes estas emociones. Puedes hacer apuntes y pedirle al espíritu del Caballo que te muestre cómo puedes relajarte estando en medio de grupos de personas y encontrar satisfacción emocional en relaciones de muchos tipos.

Mis notas

....
....
....
....
....
....

Causas de estrés para el estómago:

- Comer alimentos muy fríos o muy calientes en exceso.
- Comer de forma apresurada o bajo situaciones de estrés emocional.
- Consumo excesivo de alimentos grasos o muy procesados.
- Exceso de bebidas alcohólicas o estimulantes (como café).
- Saltarse comidas o seguir dietas demasiado restrictivas.
- Comer grandes cantidades de alimentos en una sola comida.

Alimentos beneficiosos para el estómago:

- Calabaza y zanahoria (refuerzan la energía del estómago).
- Patatas y batata (suavizan el sistema digestivo).
- Hinojo y jengibre (mejoran la digestión).
- Arándanos y uvas (son fáciles de digerir y ayudan a regenerar los tejidos).
- Pollo y pescado blanco (proteínas ligeras y fáciles de digerir).
- Hinojo, manzanilla y menta (infusiones que relajan el estómago).

Alimentos que generan estrés para el estómago:

- Lácteos pesados, como leche entera o quesos grasos.
- Alimentos fritos y comidas rápidas.
- Refrescos y bebidas azucaradas.
- Comidas picantes y condimentos en exceso.
- Alimentos muy ácidos, como cítricos en grandes cantidades o vinagres fuertes.
- Carnes rojas pesadas de digerir.

Para el Meridiano del Estómago:

- Cocciones recomendadas: Cocido, vapor, guisos.
- Justificación: El estómago necesita alimentos tibios y bien cocidos que apoyen su función digestiva.
- Ajustes sugeridos: Sopas tibias, guisos de calabaza y batata. Evita alimentos crudos o fríos que puedan debilitar el Qi del estómago.

RECETAS

Desayuno 1: Panqueques de Calabaza y Zanahoria (Buenos para el Estómago)

Ingredientes:
- 1 taza de puré de calabaza (suave y nutritiva, fortalece el estómago)
- 1 zanahoria pequeña rallada (apoya la digestión y suaviza el tracto digestivo)
- 2 huevos
- 1/4 taza de harina de almendras
- 1/4 taza de leche vegetal (almendra o coco)
- 1 cucharadita de canela en polvo
- 1 cucharadita de polvo de hornear (opcional, para que los panqueques queden más esponjosos)
- 1 cucharada de miel o jarabe de agave (opcional, para endulzar suavemente)
- 1 cucharada de aceite de coco (para cocinar)
- Una pizca de sal marina

Preparación:
1. Preparar la mezcla:
   En un bol grande, mezcla el puré de calabaza, la zanahoria rallada y los huevos. Añade la harina de almendras, la leche vegetal, la canela, el polvo de hornear (si lo usas), la miel y una pizca de sal marina. Mezcla bien hasta que quede una masa homogénea.
2. Cocinar los panqueques:
   Calienta una sartén a fuego medio y añade una pequeña cantidad de aceite de coco.
   Vierte pequeñas porciones de la mezcla en la sartén y cocina durante unos 2-3 minutos por cada lado, hasta que los panqueques estén dorados y cocidos por dentro.
3. Servir:
   Sirve los panqueques calientes. Puedes acompañarlos con un poco más de miel o una compota de frutas cocidas (manzana o pera) para un toque adicional beneficioso para el estómago.

2 - Hash de Papa con Espinacas Frescas (Acompaña con el dip de Yogurt de coco)

Ingredientes:
- 2 papas medianas, peladas y ralladas
- 1 taza de espinacas frescas
- 1/2 cebolla pequeña, picada
- 1 cucharadita de semillas de hinojo o hinojo molido
- 1 cucharada de aceite de oliva extra virgen
- Sal marina al gusto
- Pimienta negra al gusto
- 1 cucharadita de cúrcuma (opcional, para un toque antiinflamatorio)

Preparación:
1. Preparar las papas:
   Pela y ralla las papas. Colócalas en un bol y exprímelas ligeramente para quitar el exceso de agua. Sécalas bien con una toalla de cocina.
2. Saltear los ingredientes:
   En una sartén grande, calienta el aceite de oliva a fuego medio. Añade la cebolla picada y las semillas de hinojo. Sofríe durante unos 3-4 minutos hasta que estén fragantes y suaves.

3. Cocinar las papas:
   Añade las papas ralladas a la sartén, extendiéndolas en una capa uniforme. Cocina durante 5-7 minutos, hasta que estén doradas y crujientes por un lado. Luego, voltea las papas y cocina por el otro lado durante unos 5 minutos más, hasta que estén doradas y completamente cocidas.
4. Montar el plato:
   Una vez que las papas estén cocidas, colócalas en un plato como una "cama". Coloca las espinacas frescas encima de las papas cocidas. El calor residual de las papas ayudará a marchitar ligeramente las espinacas sin perder sus nutrientes.
5. Ajustar los sabores:
   Añade sal, pimienta y cúrcuma (si la usas) al gusto.
6. Servir:
   Sirve el hash de papa con espinacas frescas inmediatamente, como un plato principal ligero o acompañado de una salsa o dip suave.

3 - Batido de Calabaza, Jengibre y Zanahoria (Sin Avena, Bueno para el Estómago)

Ingredientes:
- 1/2 taza de puré de calabaza cocida
- 1 zanahoria mediana, pelada y picada
- 1 rodaja de jengibre fresco
- 1 taza de leche vegetal (almendra o coco)
- 1/2 cucharadita de canela en polvo
- 1/2 cucharadita de cúrcuma en polvo
- 1 cucharada de miel o jarabe de agave (opcional, para endulzar ligeramente)
- 1/2 taza de agua (ajustar según la consistencia deseada)

Preparación:
1. Preparar los ingredientes:
   Cocina la calabaza hasta que esté suave y hazla puré.
   Pela y corta la zanahoria en trozos pequeños.
2. Licuar:
   Coloca el puré de calabaza, la zanahoria picada, el jengibre fresco, la leche vegetal, la canela y la cúrcuma (si la usas) en una licuadora.
   Licúa todo hasta que obtengas una mezcla suave y homogénea. Si está muy espeso, agrega un poco de agua hasta obtener la consistencia deseada.
3. Ajustar el sabor:
   Si prefieres un toque dulce, puedes añadir miel o jarabe de agave al gusto y licuar nuevamente.
4. Servir:
   Sirve el batido fresco o a temperatura ambiente.

4 - Sopa de Hinojo y Papa

Ingredientes:
- 2 papas medianas, peladas y cortadas en cubos
- 1 bulbo de hinojo, cortado en rodajas finas
- 1 cebolla pequeña, picada
- 2 dientes de ajo, picados
- 4 tazas de caldo de verduras (preferiblemente casero o bajo en sodio)
- 1 cucharada de aceite de oliva extra virgen
- 1/2 cucharadita de cúrcuma (opcional, para un toque antiinflamatorio)
- Sal marina y pimienta negra al gusto
- Hojas frescas de perejil o cilantro para decorar (opcional)

Preparación:
1. Preparar los ingredientes:
   Pela y corta las papas en cubos.
   Lava y corta el bulbo de hinojo en rodajas finas.
   Pica la cebolla y el ajo.
2. Saltear las verduras:
   En una olla grande, calienta el aceite de oliva a fuego medio. Añade la cebolla y el ajo, y sofríe hasta que estén suaves y fragantes, aproximadamente 5 minutos.
   Añade el hinojo y cocina durante 3-4 minutos hasta que comience a ablandarse.
3. Cocinar la sopa:
   Añade las papas a la olla y cubre con el caldo de verduras.
   Agrega la cúrcuma (si la usas), sal y pimienta al gusto.
   Lleva a ebullición, luego reduce el fuego y cocina a fuego lento durante 20-25 minutos, o hasta que las papas estén tiernas.
4. Licuar la sopa (opcional):
   Si prefieres una textura cremosa, usa una licuadora de inmersión para licuar la sopa hasta obtener una consistencia suave. Si prefieres una sopa con trozos, puedes dejarla tal como está.
5. Servir:
   Sirve la sopa caliente. Si lo deseas, decora con hojas frescas de perejil o cilantro para darle un toque fresco.

5 - Pescado Blanco al Vapor con Puerros y Verduras

Ingredientes:
- 1 filete de pescado blanco (merluza, lenguado o bacalao son buenas opciones)
- 1 zanahoria, cortada en rodajas finas
- 1 puerro mediano, cortado en rodajas finas
- 1 calabacín, cortado en rodajas
- 1 diente de ajo, picado
- 1 cucharada de aceite de oliva extra virgen
- Jugo de 1/2 limón
- Sal marina y pimienta al gusto
- Hojas frescas de perejil o cilantro para decorar (opcional)

Preparación:
1. Preparar las verduras:
   Corta la zanahoria, el puerro y el calabacín en rodajas finas.
   Pela y pica el ajo si lo usas.
2. Preparar el pescado:
   Lava el filete de pescado blanco y sécalo con papel de cocina. Rocía con un poco de jugo de limón y sazona con sal marina y pimienta.

3. Cocinar al vapor:
   Coloca las rodajas de zanahoria, puerro y calabacín en la base de una vaporera. Coloca el filete de pescado blanco encima de las verduras.
   Cocina al vapor durante unos 10-12 minutos, o hasta que el pescado esté bien cocido y las verduras estén tiernas pero crujientes.
4. Aliñar:
   Una vez cocido, retira el pescado y las verduras de la vaporera. Rocía con aceite de oliva y un poco más de jugo de limón para darle frescura.
   Si lo deseas, decora con perejil o cilantro fresco.
5. Servir:
   Sirve el pescado blanco con las verduras al vapor, acompañado de una ensalada ligera.

6 - Pechuga de pollo con Espárragos y Calabacín

Ingredientes:
- 1 pechuga de pollo cocinada con un poco de sal y desmenuzada
- 1 taza de espárragos, cortados en trozos
- 1 calabacín mediano, cortado en rodajas finas
- 1 diente de ajo, picado
- 1 cucharada de aceite de oliva extra virgen
- Jugo de 1/2 limón
- Sal marina y pimienta al gusto
- Cúrcuma, hinojo y/o perejil para aportar sabor y nutrición al estomago.
- Semillas de sésamo tostadas para decorar (opcional, para un toque crujiente y nutritivo)

Preparación:
1. Cocinar el pollo primero:
   Puedes ponerle sal, ajo y pimienta.
2. Saltear las verduras:
   En una sarten agrega el ajo picado y sofríe hasta que esté fragante.
   Añade los espárragos y el calabacín. Saltea durante 5-7 minutos, hasta que las verduras estén tiernas pero aún crujientes. Añade la cúrcuma, el hinojo y/o el perejil.
3. Combinar el pollo con las verduras:
   Coloca el pollo en la sartén junto con las verduras. Cocina todo junto durante 2-3 minutos para que se mezclen los sabores.
4. Aliñar:
   Exprime el jugo de limón sobre el pollo y las verduras, y mezcla bien. Ajusta la sal y la pimienta según tu gusto.
5. Servir:
   Sirve el pollo salteado con los espárragos y el calabacín. Decora con semillas de sésamo tostadas si lo deseas para darle un toque crujiente y nutritivo.

7 - Ensalada de Espinacas, Pepino, Manzana y Semillas de Sésamo (Puedes usar el Dip de Yogur de Coco)

Ingredientes:
- 2 tazas de espinacas frescas
- 1/2 pepino, cortado en rodajas finas
- 1 manzana verde, cortada en rodajas finas
- 1 zanahoria pequeña, rallada
- 1 cucharada de semillas de sésamo tostadas
- Jugo de 1/2 limón
- 1 cucharada de aceite de oliva extra virgen

- Sal marina y pimienta negra al gusto (opcional)
- Hojas frescas de perejil o menta para decorar

Preparación:
1. Preparar los ingredientes:
   Lava bien las espinacas, el pepino y la manzana. Corta el pepino y la manzana en rodajas finas. Ralla la zanahoria.
2. Ensamblar la ensalada:
   En un bol grande, coloca las espinacas frescas como base.
   Añade las rodajas de pepino, manzana y la zanahoria rallada sobre las espinacas.
3. Aliñar la ensalada:
   En un bol pequeño, mezcla el jugo de limón con el aceite de oliva y una pizca de sal y pimienta (si lo usas). Vierte el aliño sobre la ensalada y mezcla bien.
4. Añadir las semillas de sésamo:
   Espolvorea las semillas de sésamo tostadas por encima de la ensalada para darle un toque crujiente y nutritivo.
5. Decorar:
   Si lo deseas, puedes decorar con hojas frescas de perejil o menta para un extra de frescura.

8 - Dip Vegano de Yogur de Coco con Hinojo y Limón para comer con galletitas y con toda clase de vegetales crudos.

Ingredientes
- Una taza de yogur de coco sin azúcar
- 1/2 cucharadita de semillas de hinojo molidas
- Ralladura de 1/2 limón
- Jugo de 1/2 limón
- 1 cucharada de aceite de oliva extra virgen
- 1/4 cucharadita de cúrcuma en polvo
- 1/4 cucharadita de comino en polvo
- 1/4 cucharadita de cilantro molido
- Sal marina al gusto
- Pimienta negra al gusto (opcional)
- Hojas frescas de menta o perejil picadas (opcional, para un toque de frescura)

Preparación:
1. Mezclar los ingredientes:
   En un bol pequeño, mezcla el yogur de coco con las semillas de hinojo molidas, la ralladura de limón, el jugo de limón, la cúrcuma, el comino y el cilantro molido.
2. Ajustar el sabor:
   Añade el aceite de oliva, la sal y la pimienta negra (si la usas), y mezcla bien. Si deseas un toque extra de frescura, puedes agregar menta o perejil picado.

9 - Galletas de Almendra con Hinojo

Ingredientes:
- 1 taza de harina de almendra
- 1 cucharada de semillas de hinojo (puedes usar semillas enteras o ligeramente molidas)
- 1 huevo
- 2 cucharadas de aceite de coco o mantequilla de almendra
- 1 cucharada de miel o sirope de agave (opcional, para endulzar naturalmente)
- 1/2 cucharadita de canela en polvo (opcional)
- 1/4 cucharadita de sal marina
- 1/2 cucharadita de polvo de hornear
- Ralladura de 1 limón (opcional, para un toque fresco y digestivo)

Instrucciones:
1. Precalentar el horno:
   Precalienta el horno a 180°C (350°F) y prepara una bandeja para hornear con papel pergamino.
2. Mezclar los ingredientes secos:
   En un bol grande, mezcla la harina de almendra, las semillas de hinojo, el polvo de hornear, la sal marina y la canela (si la usas).
3. Mezclar los ingredientes húmedos:
   En otro bol, bate el huevo y añade el aceite de coco o la mantequilla de almendra, la miel (si la usas) y la ralladura de limón. Mezcla bien hasta que esté todo bien incorporado.
4. Formar la masa:
   Agrega la mezcla de ingredientes húmedos al bol de ingredientes secos y mezcla hasta que se forme una masa homogénea.
5. Formar las galletas:
   Con las manos o una cuchara, forma pequeñas bolas con la masa y colócalas en la bandeja para hornear. Luego, aplástalas ligeramente para darles forma de galleta.
6. Hornear:
   Hornea las galletas en el horno precalentado durante 10-12 minutos o hasta que estén doradas en los bordes.
7. Enfriar y servir:
   Deja que las galletas se enfríen en una rejilla antes de servir. Disfrútalas tibias o frías.

10 - Mousse de Manzana y Almendra

Ingredientes:
- 2 manzanas verdes, peladas y cortadas en cubos
- 1/2 taza de leche de almendra
- 1 cucharada de miel o jarabe de agave
- 1/2 cucharadita de canela en polvo
- 1/4 cucharadita de jengibre en polvo
- 2 cucharadas de almendra molida
- 1 cucharada de semillas de chía

Preparación:
1. Cocinar las manzanas:
   En una cacerola pequeña, cocina los cubos de manzana con un poco de agua a fuego lento durante 10-12 minutos, hasta que estén tiernos. Puedes agregar un poco de miel o jarabe de agave para endulzar durante la cocción.
2. Mezclar los ingredientes:
   Una vez que las manzanas estén cocidas y suaves, retíralas del fuego y déjalas enfriar un poco.
   Coloca las manzanas cocidas en una licuadora o procesador de alimentos junto con la leche de almendra, la canela, el jengibre (si lo usas) y la almendra molida.
3. Licuar:
   Licúa hasta obtener una mezcla suave y homogénea. Si quieres un poco más de textura, puedes añadir las semillas de chía directamente y mezclarlas a mano.
4. Servir:
   Vierte la mousse en vasos pequeños o cuencos y deja enfriar en la nevera durante al menos 1 hora antes de servir.
5. Opcional:
   Si lo deseas, puedes decorar con unas almendras laminadas o un poco más de canela espolvoreada por encima para darle un toque final.

INGREDIENTES

Aceite de coco
Aceite de oliva extra virgen
Almendra molida
Almendras (harina de almendras)
Ajo
Canela en polvo
Calabacín
Calabaza (puré de calabaza cocida)
Cebolla
Cúrcuma en polvo
Cilantro
Espárragos
Espinacas frescas
Harina de almendra
Hinojo (semillas de hinojo o bulbo)
Huevos
Jengibre fresco o en polvo
Jugo de limón
Leche de almendra o de coco
Limón (ralladura de limón)
Manzana verde
Menta fresca
Miel o jarabe de agave
Papas
Perejil fresco
Pescado blanco (merluza, lenguado o bacalao)
Pimienta negra
Pollo (pechuga de pollo)
Polvo de hornear
Puerro
Sal marina
Semillas de chía
Semillas de hinojo
Semillas de sésamo tostadas
Zanahorias

6
BAZO PÁNCREAS

Asociado a este órgano podemos trabajar como Tótem al Colibrí, que nos ayudará para mejorar en estos aspectos:

• Preocupación constante: Tendencia a preocuparse por los pequeños detalles.
• Pensamientos repetitivos: Dificultad para desconectar la mente de ciertos temas.
• Falta de concentración: Problemas para enfocarse en una tarea.

Medita mientras coloreas, en las situaciones donde sientes estas emociones. Puedes hacer apuntes y pedirle al espíritu del Colibrí que te enseñe el hermoso camino del equilibrio y del merecimiento: eres importante, tienes un lugar especial en el universo para tí.

Mis notas

Causas de estrés para el bazo/páncreas:

- Comer en exceso o comer alimentos muy pesados.
- Consumo de azúcares refinados y alimentos dulces en exceso.
- Comer en momentos de estrés o ansiedad.
- Alimentos crudos y fríos en exceso
- Falta de actividad física o movimiento.
- Exceso de trabajo mental sin pausas para descansar.

Alimentos beneficiosos para el bazo/páncreas:

- Calabaza y zanahorias (fortalecen la energía del bazo).
- Batata y mijo (suaves y nutritivos para el sistema digestivo).
- Dátiles y frutos secos (en moderación, aportan energía).
- Garbanzos y lentejas (fuentes de proteína vegetal, fáciles de digerir).
- Pollo y pescado blanco (proteínas ligeras).
- Jengibre y canela (ayudan a calentar el sistema digestivo).

Alimentos que generan estrés para el bazo/páncreas:

- Azúcar refinada y productos con alto contenido de azúcar.
- Alimentos procesados y fritos.
- Bebidas frías o heladas.
- Comidas rápidas y alimentos muy grasos.
- Exceso de lácteos pesados o cremosos.
- Alimentos crudos en exceso, como grandes ensaladas sin cocinar.

Meridiano del Bazo:

- Cocciones recomendadas: Cocciones largas, tibias, sopas.
- Justificación: El bazo necesita alimentos tibios y de cocción lenta que apoyen la digestión y tonifiquen el Qi.
- Ajustes sugeridos: Guisos largos, caldos y sopas. Evita alimentos crudos o muy fríos que puedan debilitar el Qi del bazo.

RECETAS

1 - Porridge de Batata y Dátiles (Bueno para el Bazo)

Ingredientes:
- 1 batata pequeña, pelada y cortada en cubos
- 2 dátiles, sin hueso y picados
- Una manzana verde en cubitos
- 1 taza de leche de almendra ojalá hecha en casa
- 1 taza de agua
- 1/2 cucharadita de canela en polvo
- 1/2 cucharadita de jengibre en polvo
- 1 cucharadita de miel o jarabe de agave
- Una pizca de sal marina
- Diferentes semillas tostadas

Preparación:
1. Cocinar la batata:
   En una cacerola pequeña, coloca los cubos de batata junto con la taza de agua.
   Cocina a fuego medio hasta que la batata esté suave y tierna, aproximadamente 15-20 minutos. Puedes tapar la olla para acelerar el proceso.
2. Preparar el porridge:
   Una vez que la batata esté cocida, añade la leche de almendra a la cacerola.
   Agrega los dátiles picados, la manzana, la canela, el jengibre (si lo usas) y una pizca de sal marina.
   Cocina todo a fuego bajo, removiendo de vez en cuando, durante unos 5-7 minutos más, hasta que los ingredientes estén bien integrados y los dátiles se hayan ablandado.
3. Ajustar el sabor:
   Si deseas un toque más dulce, añade miel o jarabe de agave al gusto, y mezcla bien.
4. Servir:
   Sirve el porridge caliente en un bol.
   Si lo deseas, puedes decorar con semillas tostadas o semillas de sésamo para añadir un toque crujiente y nutritivo.

2 - Tortitas de Zanahoria y Almendra

Ingredientes:
- 1 taza de zanahoria rallada
- 1/2 taza de harina de almendras
- 2 huevos
- 1 cucharada de semillas de lino molidas
- 1/4 cucharadita de cúrcuma en polvo
- 1/4 cucharadita de comino molido
- 1 cucharada de aceite de oliva o aceite de coco
- Sal marina al gusto
- Pimienta negra al gusto (opcional)

Preparación:
1. Preparar la mezcla:
   En un bol grande, combina la zanahoria rallada, la harina de almendras, los huevos, las semillas de lino molidas, la cúrcuma, el comino, y una pizca de sal y pimienta (si lo usas).
   Mezcla bien hasta obtener una masa homogénea. Si la mezcla está demasiado líquida, puedes agregar un poco más de harina de almendras o lino para espesarla.
2. Formar las tortitas:
   Con las manos o con una cuchara, forma pequeñas tortitas del tamaño que prefieras.

3. Cocinar las tortitas:
   Calienta una sartén a fuego medio y añade un poco de aceite de oliva o aceite de coco.
   Coloca las tortitas en la sartén y cocina durante 3-4 minutos por cada lado, hasta que estén doradas y cocidas por dentro. Asegúrate de que el fuego no esté demasiado alto para que no se quemen por fuera y queden crudas por dentro.
4. Servir:
   Sirve las tortitas calientes. Puedes acompañarlas con una ensalada fresca o una salsa suave que complemente los sabores (como un dip de yogur vegetal o aguacate suave).

3 - Batido Cremoso de Calabaza y Jengibre

Ingredientes:
- Puré de calabaza cocida
- Leche de almendras mejor hecha en casa.
- Jengibre fresco rallado
- Canela en polvo
- Miel cruda o jarabe de arce (opcional)
- Semillas de chía (opcional)

Preparación:
1. En una licuadora, agrega una taza de puré de calabaza cocida.
2. Añade una taza de leche de almendras.
3. Agrega una pizca de canela en polvo y una pequeña cantidad de jengibre rallado.
4. Si lo deseas, puedes endulzar con un poco de miel o jarabe de arce.
5. Licúa todo hasta obtener una mezcla suave y cremosa.
6. Si quieres agregar más fibra y nutrientes, añade una cucharada de semillas de chía y deja reposar unos minutos antes de beber.

4 - Quiche de Garbanzos Cocidos y Vegetales con Base de Almendras o Nueces Huevo

Ingredientes para la base (con almendras o nueces y huevo):
- Garbanzos cocidos (1 taza)
- Almendras o nueces (1/2 taza)
- 1 huevo
- Aceite de oliva (1 cucharada)
- Sal marina al gusto

Ingredientes para el relleno:
- Espinacas frescas (1 taza)
- Zanahorias ralladas (1/2 taza)
- Calabacín rallado (1/2 taza)
- Cebolla picada (1/2 cebolla)
- Ajo picado (2 dientes)
- Curry en polvo (1 cucharadita)
- Cúrcuma en polvo (1/2 cucharadita)
- Hinojo en polvo o semillas de hinojo trituradas (una pizca)
- Pimienta negra al gusto
- Leche de coco o crema de coco (1/4 taza)
- Aceite de oliva para saltear
- 1 huevo adicional para el relleno (opcional, para una textura más firme)

Preparación:
1. Preparar la base con huevo:
   Coloca los garbanzos cocidos y las almendras o nueces en un procesador de alimentos. Tritura hasta obtener una mezcla granulada pero uniforme.

Añade el huevo, el aceite de oliva y una pizca de sal marina. Procesa nuevamente hasta que la mezcla quede bien integrada y compacta.

Presiona la mezcla en el fondo de un molde para quiche, formando una capa uniforme.

Hornea la base a 180°C (350°F) durante unos 10-15 minutos, hasta que esté dorada y firme. Retira del horno y deja enfriar ligeramente.

2. Preparar el relleno con sabor a curry:

En una sartén, calienta un poco de aceite de oliva y sofríe la cebolla y el ajo hasta que estén transparentes.

Añade las zanahorias ralladas, el calabacín y las espinacas, y cocina hasta que las verduras estén tiernas y las espinacas se hayan marchitado.

Agrega el curry en polvo, la cúrcuma, el hinojo y la pimienta negra. Cocina unos minutos más para que las especias se mezclen bien con las verduras.

Retira del fuego y mezcla con la leche de coco. Si deseas que el relleno tenga una textura más firme, puedes batir un huevo adicional e incorporarlo al relleno.

3. Montaje del quiche:

Vierte el relleno de vegetales con curry sobre la base precocida de garbanzos y almendras/nueces.

Hornea a 180°C (350°F) durante unos 20-25 minutos, o hasta que el quiche esté dorado por arriba y firme.

Deja reposar unos minutos antes de cortarlo y servir.

5 - Estofado de Lentejas con Calabaza y Jengibre

Ingredientes:
- Lentejas (remojadas desde la noche anterior)
- Calabaza (en cubos)
- Zanahorias (en rodajas)
- Cebolla picada
- Ajo picado
- Jengibre fresco rallado
- Caldo vegetal (o agua)
- Aceite de oliva o de coco
- Comino en polvo
- Cúrcuma en polvo
- Pimienta negra
- Sal marina
- Cilantro fresco para decorar (opcional)

Preparación:
1. Calienta el aceite en una olla grande a fuego medio.
2. Sofríe la cebolla, el ajo y el jengibre hasta que la cebolla esté transparente.
3. Añade el comino y la cúrcuma, y sofríe las especias durante 1-2 minutos para liberar sus aromas.
4. Añade las lentejas escurridas y remueve para mezclar con las especias.
5. Agrega el caldo vegetal o agua suficiente para cubrir las lentejas. Lleva a ebullición, luego reduce el fuego y deja cocer a fuego lento durante 15-20 minutos.
6. Cuando las lentejas estén casi tiernas, añade la calabaza y las zanahorias. Cocina durante otros 10-15 minutos, o hasta que las verduras estén suaves y las lentejas completamente cocidas.
7. Ajusta el sabor con sal y pimienta al gusto.
8. Sirve caliente, decorado con cilantro fresco si lo deseas.

6 - Salteado de Verduras con Garbanzos y Jengibre en Salsa de Sésamo

Ingredientes:
- Garbanzos cocidos (enjuagados y escurridos)
- Zanahorias en rodajas finas
- Calabacín en tiras
- Setas shiitake frescas o deshidratadas (si usas deshidratadas, rehidrátalas antes)
- Espinacas frescas
- Cebolla picada
- Ajo picado
- Jengibre fresco rallado
- Aceite de sésamo o de oliva
- Salsa de tamari (opcional, sin gluten) o salsa de coco para una alternativa sin gluten
- Semillas de sésamo tostadas para decorar
- Unas gotas de vinagre de arroz (opcional)
- Pimienta negra

Para la salsa de sésamo:
- Tahini (pasta de sésamo)
- Jugo de limón fresco
- Agua para diluir
- Un toque de miel cruda o jarabe de arce (opcional)

Preparación:
1. Preparar la salsa de sésamo: En un tazón pequeño, mezcla el tahini con un chorrito de jugo de limón y agua hasta obtener una salsa suave. Añade un toque de miel o jarabe de arce si deseas un toque dulce. Ajusta la consistencia agregando más agua si es necesario. Reserva.
2. Salteado: Calienta el aceite de sésamo en una sartén grande o wok a fuego medio. Añade el ajo picado y el jengibre rallado, y sofríe durante 1-2 minutos hasta que estén fragantes.
3. Agrega la cebolla y las zanahorias. Sofríe hasta que las zanahorias estén un poco tiernas, pero aún crujientes.
4. Añade las setas shiitake y los garbanzos cocidos. Sofríe durante unos minutos para que los garbanzos se doren ligeramente y absorban los sabores.
5. Incorpora el calabacín y las espinacas frescas. Cocina hasta que el calabacín esté tierno y las espinacas se marchiten.
6. Añade la salsa tamari o de coco (opcional) y un chorrito de vinagre de arroz para darle un toque ácido.
7. Sirve el salteado caliente con la salsa de sésamo por encima y decora con semillas de sésamo tostadas.

7 - Sopa de Champiñones con Zanahoria y Apio

Ingredientes adicionales:
- Cúrcuma en polvo
- Comino en polvo
- Unas semillas de hinojo (opcional)
- Unas ramas de tomillo fresco

Instrucciones:
1. Cuando sofrías el ajo, la cebolla y el jengibre, agrega una pizca de cúrcuma, comino en polvo y unas semillas de hinojo. Sofríe durante un minuto para liberar los aromas.
2. Añade las zanahorias, apio y champiñones, y continúa la receta como está.
3. Cuando añadas el caldo, incorpora unas ramas de tomillo fresco, que puedes retirar antes de servir.

4. Ajusta la sazón al final con pimienta negra y sirve con una pizca de cúrcuma por encima si lo deseas.

8 - Portobellos Rellenos de Espinacas y Zanahoria

Ingredientes:
- Espinacas una taza
- Una zanahoria rayada
- 4 hongos Portobellos.
- Cebolla, Ajo, gengibre.
- Cardamomo en polvo (solo una pizca)
- Canela en polvo (una pequeña pizca)
- Romero fresco o seco

Instrucciones:
1. Al sofreír el ajo, el jengibre y la cebolla, agrega una pequeña pizca de cardamomo y canela para dar un toque cálido y dulce al plato.
2. Añade las espinacas y la zanahoria rallada, y espolvorea con un poco de romero seco o agrega algunas hojas frescas de romero a la mezcla.
3. Rellena los portobellos como de costumbre y hornea.
4. Para finalizar, espolvorea una pizca adicional de canela antes de servir si lo deseas, lo que dará un sabor especial sin ser demasiado intenso.

9 - Hamburguesas de Espinacas, Zanahorias y Lentejas

Ingredientes:
- Lentejas cocidas (pueden ser remojadas previamente y luego cocidas)
- Espinacas frescas (bien picadas)
- Zanahorias ralladas
- Cebolla picada finamente
- Ajo picado
- Cúrcuma en polvo
- Canela en polvo (solo una pizca)
- Hinojo en polvo o semillas de hinojo trituradas
- Pimienta negra
- Harina de garbanzos o harina de almendra (para ligar)
- Aceite de oliva o de coco
- Semillas de sésamo tostadas (opcional para darle textura)
- Sal marina
- Un chorrito de jugo de limón (opcional)

Preparación:
1. Preparar la base: En un bol grande, mezcla las lentejas cocidas con las espinacas picadas y las zanahorias ralladas. Asegúrate de que las lentejas estén bien escurridas.
2. Sofrito de especias: En una sartén, calienta un poco de aceite de oliva y añade el ajo y la cebolla. Sofríe hasta que la cebolla esté transparente. Luego, añade una pizca de cúrcuma, canela y hinojo. Cocina durante 1-2 minutos hasta que las especias suelten su aroma.
3. Combinar todo: Añade el sofrito de cebolla y especias a la mezcla de lentejas. Añade también la harina de garbanzos o de almendra para ayudar a ligar la mezcla. Puedes añadir semillas de sésamo tostadas para darle más textura y sabor si lo deseas.
4. Formar las hamburguesas: Con las manos, forma las hamburguesas del tamaño que prefieras. Si la mezcla está demasiado húmeda, añade más harina de garbanzos o almendra.
5. Cocinar las hamburguesas: En una sartén grande, calienta un poco de aceite de oliva o de coco a fuego medio.

Cocina las hamburguesas durante 3-4 minutos por cada lado, o hasta que estén doradas y crujientes por fuera.
6. Opcional: Justo antes de retirar las hamburguesas del fuego, añade un chorrito de jugo de limón por encima para darle un toque fresco.

10 - Puré de Manzana y Calabaza con Canela

Ingredientes:
- Manzanas peladas y cortadas en trozos
- Calabaza en cubos
- Canela en polvo
- Un toque de miel cruda o jarabe de arce (opcional)
- Agua
- Unas gotas de jugo de limón (opcional)

Preparación:
1. En una olla, coloca las manzanas y la calabaza. Añade un poco de agua, solo lo suficiente para cubrir ligeramente el fondo de la olla.
2. Cocina a fuego medio hasta que la calabaza y las manzanas estén tiernas, aproximadamente 15-20 minutos.
3. Retira del fuego y tritura la mezcla con una batidora de mano o un machacador hasta obtener un puré suave.
4. Añade una pizca de canela y un toque de miel o jarabe de arce si deseas más dulzura.
5. Opcional, añade unas gotas de jugo de limón para darle un toque de frescura.
6. Sirve caliente o frío.

11 - Trufas de Dátiles, Nueces y Cardamomo

Ingredientes:
- Dátiles Medjool (sin hueso)
- Nueces (puedes usar nueces de nogal o almendras)
- Cardamomo en polvo
- Canela en polvo (opcional)
- Coco rallado (opcional para decorar)

Preparación:
1. Preparar la base: Coloca los dátiles en un procesador de alimentos y tritúralos hasta formar una pasta suave.
2. Añadir las nueces: Añade las nueces al procesador de alimentos y mezcla hasta que se integren bien con los dátiles, pero aún conserven algo de textura.
3. Añadir especias: Agrega una pizca de cardamomo y, si lo deseas, una pizca de canela para un toque extra de sabor. Mezcla bien.
4. Formar las trufas: Toma pequeñas porciones de la mezcla y forma bolitas con las manos.
5. Opcional: Si te gusta, puedes pasar las trufas por coco rallado para darles una capa exterior crujiente.
6. Refrigera las trufas durante al menos 30 minutos para que se asienten y se enfríen antes de servir.

INGREDIENTES PARA LAS RECETAS DEL BAZO/PÁNCREAS

- Aceite de coco
- Aceite de oliva
- Ajo picado
- Almendras
- Batata (camote)
- Calabacín rallado
- Calabaza en cubos
- Canela en polvo
- Cardamomo en polvo
- Cebolla picada
- Cilantro fresco
- Comino molido
- Cúrcuma en polvo
- Dátiles sin hueso
- Espinacas frescas
- Garbanzos
- Hinojo en polvo o semillas de hinojo
- Jengibre
- Jugo de limón
- Leche de almendras
- Leche de coco
- Lentejas
- Miel o jarabe de agave
- Manzana verde
- Nueces
- Pimienta negra
- Puré de calabaza cocida
- Sal marina
- Semillas de chía
- Portobellos
- Setas shiitake
- Tahini
- Tomillo fresco
- Vinagre de arroz
- Zanahoria rallada
- Zanahorias en rodajas

LUNA LLENA

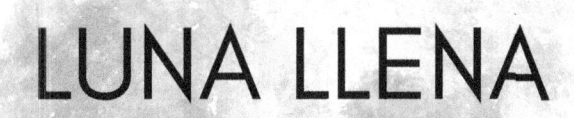

Durante la luna llena, la Tierra se encuentra entre el Sol y la Luna, de modo que la cara visible de la Luna está completamente iluminada. Esto genera un fuerte impacto energético en la Tierra y en los sistemas biológicos.

Órganos y meridianos para trabajar en esta fase lunar: Corazón, Intestino Delgado y Vejiga.

7
CORAZÓN

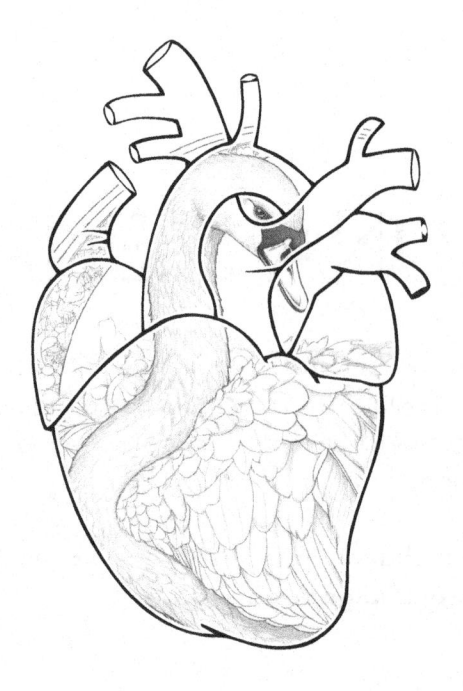

Asociado a este órgano podemos trabajar como Tótem al Cisne, que nos ayudará para mejorar en temas como:

• Ansiedad: Sensación de inquietud o agitación emocional
• Insomnio: Dificultad para conciliar el sueño debido a pensamientos acelerados
• Alegría excesiva o euforia: Sensación de excitación que puede ser desequilibrada o excesiva.

Medita mientras coloreas en las situaciones donde sientes estas emociones. Puedes hacer apuntes y pedirle al espíritu del Cisne que te muestre la fortaleza que puedes encontrar dentro de tí porque la naturaleza no crea una criatura que no sea absolutamente perfecta. Permítete manifestar todo tu potencial.

Mis notas

....
....
....
....
....
....

Causas de estrés para el corazón:

- Estrés emocional y ansiedad crónica.
- Consumo excesivo de cafeína y bebidas estimulantes.
- Falta de descanso y sueño insuficiente.
- Alimentos muy grasos o altos en colesterol.
- Exceso de sal y alimentos procesados.
- Sobrecarga de trabajo y emociones no gestionadas.

Alimentos beneficiosos para el corazón:

- Tomates (refrescan y fortalecen el corazón).
- Zanahorias y remolachas (mejoran la circulación y fortalecen el sistema cardiovascular).
- Nueces y almendras (aportan grasas saludables que apoyan el corazón).
- Frutos rojos como fresas y arándanos (ricos en antioxidantes).
- Pescado y mariscos (ricos en omega-3, que benefician al sistema cardiovascular).
- Tofu (en pequeñas cantidades, aporta proteínas ligeras).

Alimentos que generan estrés para el corazón:

- Azúcar refinada y productos con alto contenido de azúcar.
- Alimentos procesados y con grasas trans.
- Carnes rojas y alimentos fritos.
- Bebidas alcohólicas y cafeína en exceso.
- Exceso de sal y alimentos en conserva.

Meridiano del Corazón:

- Cocciones recomendadas: Ligeramente más largas, hervido suave.
- Justificación: El corazón requiere alimentos tibios que tonifiquen la sangre y calmen la mente, pero sin ser demasiado pesados.
- Ajustes sugeridos: Sopas ligeras, hervidos suaves con espinacas, nueces y semillas. Evita fritos o alimentos muy grasos.

RECETAS

1 - Tazón de Frutas Rojas con Semillas y Miel

Ingredientes:
- Fresas frescas (1/2 taza)
- Arándanos frescos (1/2 taza)
- Semillas de sésamo (1 cucharada)
- Almendras laminadas (2 cucharadas)
- Miel cruda (1 cucharadita, opcional)
- Yogur de coco o leche de almendras (1/2 taza, sin azúcar, opcional)

Preparación:
1. Lava y corta las fresas y mezcla con los arándanos frescos en un tazón.
2. Añade las semillas de sésamo y las almendras laminadas para agregar un toque crujiente y nutritivo.
3. Rocía con una cucharadita de miel cruda para suavizar y tonificar el Qi del corazón.
4. Si deseas más cremosidad, puedes añadir un poco de yogur de coco o leche de almendras para complementar el plato.

2 - Batido de Remolacha y Cardamomo

Ingredientes:
- 1 remolacha pequeña cocida
- 1/2 taza de leche de almendras (sin azúcar)
- 1/2 taza de agua (ajusta según la consistencia que prefieras)
- 1/4 cucharadita de cardamomo en polvo
- 1 cucharadita de jugo de limón
- Un trocito de jengibre fresco
- 1 dátil Medjool (opcional, añadir dulzor natural sin sobrecargar de azúcar)
- Unas semillas de sésamo o almendras laminadas (opcional, para decorar)

Preparación:
1. Cocinar la remolacha: Si no la tienes cocida, hierve la remolacha hasta que esté tierna (aproximadamente 30-40 minutos), luego pélala y córtala en trozos.
2. Batir los ingredientes: En una licuadora, añade la remolacha cocida, la leche de almendras, el agua, el cardamomo, el jugo de limón y el jengibre (si lo usas).
3. Añadir un toque de dulzor: Si prefieres un batido un poco más dulce, añade un dátil Medjool. Si prefieres que no sea dulce, puedes omitir el dátil.
4. Licuar: Licúa todos los ingredientes hasta obtener una mezcla suave y homogénea. Ajusta la cantidad de agua según la consistencia que prefieras.
5. Servir: Sirve el batido fresco. Puedes decorarlo con unas semillas de sésamo o almendras laminadas para añadir textura.

3 - Batido de Frutos Rojos, Almendras y Jengibre

Ingredientes:
- Fresas, moras y arándanos (ricos en antioxidantes)
- 1 cucharada de mantequilla de almendras
- 1 trozo pequeño de jengibre fresco
- 1 taza de leche de coco o almendra
- 1 cucharadita de miel o jarabe de agave (opcional)
- 1 cucharada de semillas de chía (para fibra adicional)

Instrucciones:
- Coloca todos los ingredientes en la licuadora y licúa hasta obtener una textura suave y cremosa.
- Sirve fresco y disfruta de un batido lleno de antioxidantes y grasas saludables que apoyan la energía del corazón.

4 - Pescado Blanco al Tomate con Cardamomo y Canela (acompañar con papa cocinada)

Ingredientes:
- 2 filetes de pescado blanco (merluza, tilapia, bacalao)
- 2 tomates maduros, pelados y cortados en cubos
- 1 diente de ajo picado
- 1/2 cebolla picada finamente
- 1/4 cucharadita de cardamomo en polvo
- 1/4 cucharadita de canela en polvo
- 1/2 cucharadita de cúrcuma en polvo
- Jugo de 1/2 limón (añade frescura y equilibra los sabores)
- Aceite de oliva virgen extra (1-2 cucharadas)
- Sal marina al gusto
- Pimienta negra al gusto
- Unas hojas de albahaca fresca o perejil fresco (opcional, para decorar y añadir frescura)

Preparación:
1. Preparar los ingredientes: Lava y corta los tomates en cubos y reserva. Pica finamente el ajo y la cebolla.
1. Cocinar la base de tomate: En una sartén grande, calienta el aceite de oliva a fuego medio. Añade el ajo y la cebolla picada, y sofríe durante unos minutos hasta que estén dorados y fragantes.
2. Añadir los tomates y especias: Incorpora los tomates en cubos a la sartén y añade el cardamomo, la canela, la cúrcuma, la sal y la pimienta negra. Cocina a fuego medio durante unos 8-10 minutos, removiendo ocasionalmente, hasta que los tomates se ablanden y la salsa espese ligeramente.
3. Cocinar el pescado: Coloca los filetes de pescado blanco sobre la mezcla de tomate en la sartén. Añade un poco más de sal y pimienta al pescado. Tapa la sartén y cocina a fuego bajo durante unos 7-10 minutos, o hasta que el pescado esté bien cocido y se desmenuce fácilmente con un tenedor.
4. Añadir el toque final: Justo antes de retirar del fuego, exprime el jugo de limón sobre el pescado para darle un toque fresco y equilibrar los sabores.
5. Servir: Sirve el pescado sobre la cama de tomates y especias, decorado con unas hojas de albahaca fresca o perejil, si lo deseas.

5 - Huevos al Horno con Romero y Tomate

Ingredientes:
- 2 huevos
- 1 tomate maduro, cortado en rodajas
- 1 ramita de romero fresco
- 1 cucharada de aceite de oliva virgen extra
- Sal marina al gusto
- Pimienta negra al gusto

Preparación:
1. Precalentar el horno: Precalienta el horno a 180°C (350°F).
2. Preparar los ingredientes: En una fuente para horno, coloca una fina capa de aceite de oliva en el fondo. Coloca las rodajas de tomate en la base de la fuente. Espolvorea un poco de sal y pimienta sobre los tomates.
3. Añadir los huevos: Rompe los huevos sobre las rodajas de tomate con cuidado de no romper las yemas. Añade una pizca de sal y pimienta sobre los huevos.
4. Añadir el romero: Coloca las ramitas de romero fresco encima de los huevos y tomates para que liberen su aroma durante la cocción.
5. Hornear: Hornea en el horno precalentado durante unos 10-12 minutos, o hasta que los huevos estén cocidos a tu gusto (pueden quedar con la yema suave o más firme según prefieras).
6. Opcional: Si deseas más nutrientes, puedes agregar unas hojas de espinacas frescas al final, dejándolas sobre el plato unos minutos antes de sacarlo del horno para que se marchiten ligeramente con el calor.
7. Servir: Sirve los huevos al horno con un chorrito adicional de aceite de oliva y disfruta del aroma del romero fresco.

6 - Filete de Pescado al Vapor con Tomate y Espárragos

Ingredientes:
- Filete de pescado blanco (merluza, lenguado o bacalao, ricos en omega-3 y ligeros para el corazón)
- 1 tomate grande, cortado en rodajas
- Un puñado de espárragos frescos
- 1 diente de ajo picado
- 1 cucharada de aceite de oliva extra virgen
- Jugo de 1/2 limón fresco
- Unas hojas de perejil o albahaca frescas para decorar
- Sal marina y pimienta negra al gusto

Instrucciones:
1. Preparar el pescado:
Lava y seca el filete de pescado. Coloca un poco de jugo de limón, sal marina y pimienta negra sobre el pescado. Deja reposar unos minutos para que absorba los sabores.
2. Preparar los espárragos y tomates:
Lava los espárragos y corta las puntas duras. Reserva.
Coloca las rodajas de tomate y los espárragos en la base de una vaporera o una bandeja de vapor.
3. Cocinar al vapor:
Coloca el filete de pescado encima de los espárragos y el tomate en la vaporera.
Cocina al vapor durante unos 10-12 minutos, o hasta que el pescado esté bien cocido y los espárragos estén tiernos pero aún crujientes.
4. Aliñar:
Una vez que el pescado esté cocido, retíralo del vapor y rocía con el aceite de oliva extra virgen y más jugo de limón fresco al gusto.
Decora con hojas de perejil o albahaca fresca para darle un toque final fresco y calmante.
5. Servir:
Sirve el filete de pescado caliente junto con los espárragos y el tomate. Acompáñalo con una ensalada ligera si lo deseas.

8 - Crema de Remolacha, Tomate y Zanahoria

Ingredientes:
- 1 remolacha mediana, cocida y pelada
- 2 tomates maduros, pelados y cortados en cubos
- 1 zanahoria mediana, en rodajas
- 1/2 cebolla, picada
- 1 diente de ajo, picado
- 1/2 cucharadita de cúrcuma en polvo
- 1/4 cucharadita de cardamomo en polvo
- 2 cucharadas de aceite de oliva virgen extra
- Agua o caldo vegetal (suficiente para cubrir las verduras)
- Sal marina al gusto
- Pimienta negra al gusto

Preparación:
1. Sofrito de base: En una olla grande, calienta el aceite de oliva a fuego medio. Sofríe la cebolla y el ajo hasta que estén dorados y fragantes.
2. Añadir las verduras: Añade las rodajas de zanahoria, los cubos de tomate y la remolacha cocida cortada en trozos. Sofríe durante unos minutos para que los sabores se integren.
3. Añadir especias: Incorpora la cúrcuma y el cardamomo, y remueve bien. Deja que las especias se cocinen por 1-2 minutos para que liberen sus aromas.
4. Cocción: Añade suficiente agua o caldo vegetal para cubrir las verduras. Lleva a ebullición, luego reduce el fuego y cocina a fuego lento durante 15-20 minutos, o hasta que todas las verduras estén bien cocidas y tiernas.
5. Licuar: Retira la olla del fuego y deja enfriar ligeramente. Luego, licúa la mezcla hasta obtener una crema suave y homogénea.
6. Ajustar el sabor: Añade sal y pimienta al gusto. Si la crema está demasiado espesa, puedes añadir un poco más de agua o caldo vegetal hasta obtener la consistencia deseada.
7. Servir: Sirve la crema caliente, con un chorrito adicional de aceite de oliva por encima si lo deseas. Para un toque decorativo, puedes espolvorear unas semillas de sésamo tostadas o almendras laminadas.

9 - Pan de Calabaza con Frutos Rojos (sin cereales)

Ingredientes:
- 1 taza de puré de calabaza
- 3/4 taza de harina de almendras
- 1/2 taza de frutos rojos (fresas, arándanos, frambuesas) frescos o congelados
- 2 huevos (o como remplazo media cucharadita de goma xantana)
- 2 cucharadas de miel o jarabe de arce
- 1/2 cucharadita de canela en polvo
- 1/4 cucharadita de polvo de hornear (sin gluten)
- 1/4 cucharadita de sal marina
- 1 cucharadita de extracto de vainilla (opcional)
- Aceite de coco o de oliva para engrasar el molde

Preparación:
1. Precalentar el horno: Precalienta el horno a 180°C (350°F) y engrasa ligeramente un molde para pan con aceite de coco o de oliva.

2. Mezclar los ingredientes húmedos: En un bol grande, mezcla el puré de calabaza, los huevos o la goma xantana, la miel (si la usas) y el extracto de vainilla.
3. Añadir los ingredientes secos: Incorpora la harina de almendras, la canela, el polvo de hornear y la sal. Mezcla bien hasta obtener una masa homogénea.
4. Añadir los frutos rojos: Incorpora suavemente los frutos rojos a la mezcla. Si usas frutos congelados, asegúrate de que estén descongelados y escurridos.
5. Hornear: Vierte la masa en el molde engrasado y hornea durante 30-40 minutos, o hasta que al insertar un palillo en el centro, salga limpio.
6. Enfriar y servir: Deja que el pan se enfríe un poco antes de cortarlo en rebanadas. Este pan es perfecto como postre o incluso para un desayuno nutritivo.

10 - Mousse de Remolacha y Cacao (sin cereales)

Ingredientes:
- 1 remolacha cocida
- 2 cucharadas de cacao en polvo puro
- 1/2 taza de leche de coco o almendra (sin azúcar)
- 1 cucharadita de extracto de vainilla (opcional)
- 2 cucharadas de miel o jarabe de arce (opcional)
- Almendras laminadas o semillas de sésamo (opcional, para decorar)

Preparación:
1. Preparar la remolacha: Si no la tienes cocida, hierve o asa la remolacha hasta que esté suave. Deja que se enfríe y córtala en trozos.
1. Licuar: En una licuadora o procesador de alimentos, añade la remolacha cocida, el cacao en polvo, la leche de coco o almendra, el extracto de vainilla y la miel o jarabe de arce (si lo usas). Licúa hasta obtener una mezcla suave y cremosa.
2. Refrigerar: Vierte la mousse en tazones pequeños o vasos y refrigera durante al menos 1 hora para que se asiente.
3. Servir: Decora con almendras laminadas o semillas de sésamo antes de servir.

INGREDIENTES PARA LAS RECETAS DELCORAZÓN

- Aceite de coco
- Aceite de oliva virgen extra
- Almendras laminadas
- Almendras o nueces
- Almendras picadas
- Arándanos frescos
- Batata
- Canela en polvo
- Cardamomo en polvo
- Cebolla
- Calabaza
- Cúrcuma en polvo
- Dátiles Medjool
- Espárragos frescos
- Espinacas frescas
- Fresas frescas
- Frutos rojos (fresas, arándanos, frambuesas)
- Hinojo molido
- Huevos
- Jengibre fresco
- Jugo de limón
- Leche de almendra
- Leche de coco
- Mantequilla de almendras
- Miel
- Perejil fresco
- Pimienta negra
- Puerros
- Remolacha
- Romero fresco
- Sal marina
- Semillas de chía
- Semillas de sésamo
- Tomates maduros
- Vainilla (extracto)

8
INTESTINO DELGADO

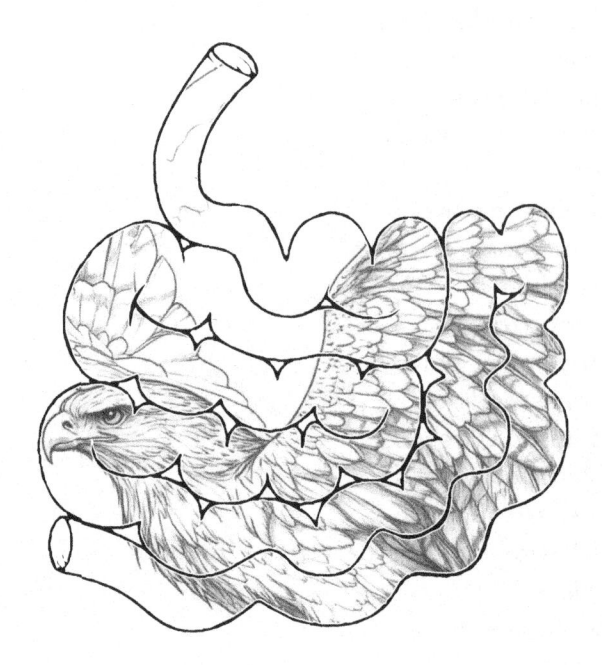

Asociado a este órgano podemos trabajar como Tótem al Halcón, que nos ayudará para:

- Confusión: Dificultad para separar lo importante de lo trivial.
- Incertidumbre: Sentimiento de duda constante sobre decisiones personales.
- Sensación de caos: Inhabilidad para organizar pensamientos y acciones de manera clara.

Medita mientras coloreas en las situaciones donde sientes estas emociones. Puedes hacer apuntes y pedirle al espíritu del Halcón que te ayude a mejorar la perspectiva de la situación y te de una visión inteligente de lo que sucede.

Mis notas

....
....
....
....
....
....

Causas de estrés para el intestino delgado:

- Comer alimentos muy procesados o con exceso de grasas trans.
- Alimentos picantes y ácidos en exceso.
- Comer en exceso, especialmente comidas pesadas o rápidas.
- Consumo de alimentos difíciles de digerir, como carnes rojas y frituras.
- Estrés emocional y ansiedad que afecta el sistema digestivo.
- Falta de fibra en la dieta.

Alimentos beneficiosos para el intestino delgado:

- Vegetales de hojas verdes como espinacas y acelgas (promueven una digestión suave).
- Zanahorias y calabacines (fáciles de digerir y nutritivos).
- Frutas suaves como peras y manzanas cocidas (ayudan a limpiar el intestino).
- Caldos claros y sopas (hidratan y ayudan a la digestión).
- Jengibre y menta (ayudan a calmar el sistema digestivo).
- Frutos secos en pequeñas cantidades (aportan energía sin sobrecargar el intestino).
- Proteínas ligeras

Alimentos que generan estrés para el intestino delgado:

- Comidas muy picantes y con exceso de condimentos.
- Alimentos muy grasos o fritos.
- Azúcar refinada y productos con alto contenido de azúcar.
- Lácteos pesados como leche entera y quesos grasos.
- Exceso de carne roja y alimentos difíciles de digerir.
- Bebidas gaseosas o carbonatadas.

Meridiano del Intestino Delgado:

- Cocciones recomendadas: Ligera, vapor, salteado.
- Justificación: El intestino delgado necesita cocciones rápidas que no sobrecarguen su función de separación de lo puro y lo impuro.
- Ajustes sugeridos: Salteados rápidos y sopas ligeras con ingredientes como espinacas, bok choy y zanahorias. Evita alimentos pesados o fritos.

RECETAS

1 - Batido de Apio, Pepino y Jengibre

Ingredientes:
- 1 tallo de apio
- 1/2 manzana verde
- Jugo de 1/2 limón
- 1 trocito de jengibre fresco
- 1 taza de agua de coco
- Unas hojas de menta fresca (opcional, para un toque refrescatnte)

Preparación:
1. Lava bien todos los ingredientes.
2. Corta el apio, el pepino y la manzana en trozos pequeños.
3. Coloca todos los ingredientes en la licuadora junto con el agua de coco y el jugo de limón.
4. Licúa hasta obtener una mezcla suave y homogénea.
5. Sirve frío y disfruta de este batido refrescante y digestivo.

2 - Batido de Papaya, Espinaca y Limón

Ingredientes:
- 1/2 papaya madura
- Un puñado de espinacas frescas
- Jugo de 1/2 limón
- 1 cucharada de semillas de lino
- 1 taza de agua
- 1 cucharadita de miel o jarabe de agave

Preparación:
1. Corta la papaya en trozos y coloca en la licuadora junto con las espinacas frescas.
2. Añade el jugo de limón, las semillas de lino, y el agua.
3. Licúa hasta obtener un batido suave y cremoso.
4. Ajusta la consistencia con más agua si lo deseas, y añade miel o jarabe de agave si prefieres un toque dulce.
5. Sirve frío y disfruta de este batido suave para el intestino.

3 - Pan de Huevo con Calabacín, Romero y Perejil

Ingredientes:
- 4 huevos
- 1 calabacín mediano, rallado
- 1 cucharada de romero fresco picado
- 1 cucharada de perejil fresco picado
- 1/4 taza de harina de almendras
- 1 diente de ajo picado finamente
- 1/2 cucharadita de sal marina
- Pimienta negra al gusto
- Aceite de oliva virgen extra para engrasar el molde

Preparación:
1. Precalentar el horno: Precalienta el horno a 180°C (350°F) y engrasa ligeramente un molde para pan o muffins con aceite de oliva.
2. Preparar el calabacín: Ralla el calabacín y exprime el exceso de agua con un paño o toalla de cocina. Esto evitará que el pan quede demasiado húmedo.
3. Mezclar los ingredientes: En un bol grande, bate los huevos hasta que estén espumosos. Añade el calabacín rallado, el ajo picado, el romero, el perejil y la harina de almendras (si la usas). Mezcla bien.
4. Ajustar la sazón: Añade la sal marina y

la pimienta negra al gusto. Mezcla todo bien hasta que los ingredientes estén bien integrados.
5. Hornear: Vierte la mezcla en el molde engrasado. Hornea durante 25-30 minutos, o hasta que el pan esté dorado por fuera y cuajado por dentro. Puedes probar insertando un palillo en el centro, que debe salir limpio cuando esté listo.
6. Servir: Deja enfriar ligeramente antes de desmoldar. Puedes servirlo solo o acompañado de una ensalada ligera para un desayuno completo.

4 - Salteado de Espárragos, Garbanzos y Hinojo

Ingredientes:
- 1 taza de garbanzos cocidos
- 1 manojo de espárragos, cortados en trozos
- 1 bulbo de hinojo, cortado en rodajas finas
- 1 diente de ajo picado
- 1/2 cucharadita de semillas de hinojo
- Aceite de oliva virgen extra
- Jugo de 1/2 limón
- Sal marina y pimienta negra al gusto
- Perejil fresco picado

Preparación:
1. Saltear el hinojo y ajo: En una sartén grande, calienta el aceite de oliva a fuego medio. Añade el ajo picado y el hinojo, y saltea durante unos minutos hasta que estén dorados y fragantes.
2. Añadir los espárragos: Incorpora los espárragos y saltea durante 5-7 minutos, hasta que estén tiernos pero aún crujientes.
3. Agregar los garbanzos: Añade los garbanzos cocidos y las semillas de hinojo. Cocina por unos minutos más, removiendo para que los sabores se mezclen bien.
4. Ajustar los sabores: Exprime el jugo de limón sobre el salteado y ajusta el sabor con sal y pimienta.
5. Servir: Sirve el salteado caliente, decorado con perejil fresco picado para un toque de frescura adicional.

5 - Ensalada de Melón, Pepino y Higos con Semillas de Sésamo

Ingredientes:
- 1/2 melón, cortado en cubos
- 1/2 pepino, cortado en rodajas finas
- 2-3 higos frescos, cortados en rodajas
- 1 cucharada de semillas de sésamo tostadas
- Jugo de 1/2 limón
- 1 cucharadita de miel
- Unas hojas de menta fresca
- Sal marina al gusto

Preparación:
1. Preparar la ensalada: En un bol grande, mezcla el melón, el pepino y los higos cortados en trozos.
2. Añadir las semillas de sésamo: Espolvorea las semillas de sésamo tostadas sobre la ensalada para darle un toque crujiente.
3. Aliñar: Exprime el jugo de limón sobre la ensalada. Si deseas un toque dulce, añade una cucharadita de miel y mezcla bien.
4. Servir: Decora con unas hojas de menta fresca para un toque de frescura adicional. Sirve la ensalada fría.

6 - Pollo Salteado con Calabacín y Zanahorias en Salsa de Jengibre y Limón (Bueno para el intestino delgado)

Ingredientes:
- 1 pechuga de pollo, cortada en tiras finas
- 1 calabacín mediano, cortado en tiras finas
- 2 zanahorias medianas, cortadas en rodajas finas
- 1 diente de ajo picado
- 1 cucharadita de jengibre fresco rallado
- 1 cucharada de aceite de oliva extra virgen
- Jugo de 1/2 limón fresco
- Sal marina y pimienta al gusto
- Unas hojas de cilantro fresco para decorar (opcional, refrescante y digestivo)

Instrucciones:
1. Preparar el pollo:
   Lava y corta la pechuga de pollo en tiras finas. Sazona con un poco de sal marina y pimienta.
2. Cocinar el pollo:
   En una sartén grande, calienta una cucharada de aceite de oliva a fuego medio. Añade el pollo y cocina durante unos 5-7 minutos, removiendo ocasionalmente, hasta que esté bien dorado y cocido. Retira el pollo de la sartén y resérvalo.
3. Saltear las verduras:
   En la misma sartén, añade un poco más de aceite de oliva si es necesario. Añade el ajo picado y el jengibre rallado. Cocina durante 1-2 minutos hasta que estén fragantes.
   Incorpora las zanahorias y el calabacín. Saltea durante 5-7 minutos hasta que las verduras estén tiernas pero aún crujientes.
4. Combinar y aliñar:
   Vuelve a añadir las tiras de pollo a la sartén con las verduras. Cocina todo junto durante 2-3 minutos para que los sabores se mezclen bien.
   Justo antes de retirar del fuego, exprime el jugo de limón sobre el salteado y mezcla bien. Ajusta la sal y pimienta si es necesario.
5. Servir:
   Sirve el salteado caliente, decorado con unas hojas de cilantro fresco para un toque adicional de frescura y digestión.

7 - Arroz de Coliflor con Espinacas, Hinojo y Perejil

Ingredientes:
- 1 coliflor mediana, rallada o procesada en trozos pequeños para hacer "arroz"
- 1 bulbo de hinojo, picado finamente
- 2 tazas de espinacas frescas
- 1 diente de ajo, picado
- 1 cucharada de aceite de oliva virgen extra
- 1/2 cucharadita de semillas de hinojo
- 1/4 taza de perejil fresco, picado
- Jugo de 1/2 limón
- Sal marina al gusto
- Pimienta negra al gusto

Preparación:
1. Preparar la coliflor: Lava y corta la coliflor en floretes. Luego, colócala en un procesador de alimentos y procésala brevemente hasta que tenga la textura de granos pequeños, como el arroz. Si no tienes un procesador, puedes rallarla a mano.

1. Cocinar la base: En una sartén grande, calienta el aceite de oliva a fuego medio. Añade el ajo y el bulbo de hinojo picado, y sofríe durante unos 5 minutos, hasta que estén dorados y fragantes.
2. Añadir la coliflor: Incorpora la coliflor rallada en la sartén con el hinojo y el ajo. Cocina a fuego medio-alto durante unos 5-7 minutos, removiendo ocasionalmente, hasta que la coliflor esté tierna pero aún con una textura firme.
3. Agregar las espinacas: Añade las espinacas frescas y cocina por 2-3 minutos más, hasta que se marchiten y se integren con la coliflor.
4. Ajustar el sabor: Agrega sal marina, pimienta negra y las semillas de hinojo (si las usas). Remueve bien para que los sabores se integren.
5. Toque final: Justo antes de retirar del fuego, exprime el jugo de limón sobre el arroz de coliflor para darle un toque fresco y equilibrar los sabores.
6. Servir: Sirve el arroz de coliflor caliente, decorado con perejil fresco picado por encima para añadir frescura.

8 - Caldo Claro de Verduras con Papa para el Intestino Delgado

Ingredientes:
- 1 papa mediana, pelada y cortada en cubos
- 1 bulbo de hinojo, cortado en rodajas
- 2 zanahorias, cortadas en rodajas finas
- 2 ramas de apio, cortadas en trozos
- 1 calabacín mediano, cortado en rodajas
- 1 puñado de espinacas frescas
- 1 diente de ajo, machacado
- 1/2 cebolla, cortada en rodajas finas
- 1 cucharadita de semillas de hinojo
- 1 ramita de romero fresco
- 6 tazas de agua
- Sal marina al gusto
- Pimienta negra al gusto
- Perejil fresco picado (opcional, para decorar y añadir frescura)

Preparación:
1. Preparar las verduras: Lava y corta todas las verduras (papa, hinojo, zanahorias, apio, calabacín, espinacas, cebolla y ajo).
2. Cocinar la base del caldo: En una olla grande, añade las 6 tazas de agua y lleva a ebullición. Luego, agrega la papa, hinojo, zanahorias, apio, calabacín, cebolla y ajo.
3. Añadir las especias: Incorpora las semillas de hinojo (si las usas) y la ramita de romero. Reduce el fuego y cocina a fuego lento durante 25-30 minutos, o hasta que las verduras, especialmente la papa, estén suaves y hayan liberado sus nutrientes en el caldo.
4. Colar (opcional): Si prefieres un caldo completamente claro, puedes colar las verduras y quedarte solo con el líquido. Si prefieres mantener las verduras en el caldo, puedes servirlo tal como está.
5. Ajustar el sabor: Añade sal marina y pimienta negra al gusto. Si lo deseas, exprime un poco de jugo de limón para equilibrar el sabor y refrescar el caldo.
6. Servir: Sirve el caldo caliente, decorado con perejil fresco picado por encima para añadir un toque de frescura.

9 - Pudín de Chía con Leche de Almendra y Papaya

Ingredientes:
- 1/4 taza de semillas de chía
- 1 taza de leche de almendra
- 1/2 taza de papaya, pelada y cortada en trozos
- 1 cucharadita de miel o jarabe de agave
- 1/2 cucharadita de extracto de vainilla
- Frutos rojos o coco rallado (opcional, para decorar)

Preparación:
1. Preparar el pudding: En un bol, mezcla las semillas de chía con la leche de almendra, la miel (si la usas) y el extracto de vainilla. Remueve bien para que las semillas de chía no se agrupan.
2. Refrigerar: Cubre el bol y refrigera durante al menos 2 horas o toda la noche, hasta que las semillas de chía hayan absorbido el líquido y la mezcla tenga una consistencia de pudding.
3. Servir: Sirve el pudding en un tazón, cubierto con trozos de papaya y, si lo deseas, frutos rojos o coco rallado para decorar.

10 - Pudín de Chía con Leche de Coco y Mango

Ingredientes:
- 1/4 taza de semillas de chía
- 1 taza de leche de coco (sin azúcar)
- 1 cucharadita de miel o jarabe de arce (opcional)
- 1/2 mango maduro, cortado en cubos pequeños

Instrucciones:
1. Mezcla las semillas de chía con la leche de coco en un bol. Añade la miel o jarabe de arce si lo deseas.
2. Deja reposar en el refrigerador durante al menos 1 hora, o hasta que las semillas de chía hayan absorbido la leche y el pudín esté espeso.
3. Antes de servir, coloca los cubos de mango por encima.

11 - Mousse de Pera y Leche de Coco

Ingredientes:
- 2 peras maduras, peladas y cortadas en trozos
- 1/2 taza de leche de coco (sin azúcar)
- 1 cucharada de miel o jarabe de arce (opcional, para endulzar)
- 1/4 cucharadita de jengibre fresco rallado
- Canela en polvo para decorar (opcional)

Instrucciones:
1. Cocinar las peras:
   Coloca las peras en una cacerola pequeña con un poco de agua y cocina a fuego lento durante 10-12 minutos, hasta que estén suaves.
   Si prefieres no cocerlas, puedes usarlas crudas, pero cocidas son más fáciles de digerir y beneficiosas para el intestino delgado.
2. Mezclar los ingredientes:
   Coloca las peras cocidas (o crudas), la leche de coco, la miel (si lo usas) y el jengibre rallado en una licuadora.
   Licúa hasta obtener una mezcla suave y cremosa.

3. Añadir semillas de chía (opcional):
   Si quieres una textura más espesa y con más fibra, puedes añadir una cucharada de semillas de chía a la mezcla. Deja reposar en el refrigerador durante unos 20-30 minutos para que espesen.
4. Refrigerar:
   Vierte el mousse en recipientes individuales y refrigera durante al menos 1 hora antes de servir.
5. Servir:
   Antes de servir, espolvorea un poco de canela en polvo por encima para darle un toque cálido y digestivo.

INGREDIENTES PARA LAS RECETAS DEL INTESTINO DELGADO

- Aceite de coco
- Aceite de oliva extra virgen
- Agua
- Agua de coco
- Almendras laminadas
- Arándanos frescos
- Batata
- Calabacín
- Canela en polvo
- Cardamomo en polvo
- Cebolla
- Coco rallado
- Dátil Medjool
- Espárragos
- Espinacas frescas
- Fresas frescas
- Frutos rojos
- Garbanzos cocidos
- Higos frescos
- Hojas de cilantro fresco
- Hojas de menta fresca
- Hojas de perejil fresco
- Hojas de romero fresco
- Jengibre fresco
- Jugo de limón
- Leche de almendra
- Leche de coco
- Mantequilla de almendras
- Manzana verde
- Mango maduro
- Miel cruda
- Miel o jarabe de agave
- Miel o jarabe de arce
- Papaya
- Pepino
- Peras maduras
- Pimienta negra
- Remolacha cocida
- Sal marina
- Semillas de chía
- Semillas de lino
- Semillas de sésamo tostadas
- Tomates

9
VEJIGA

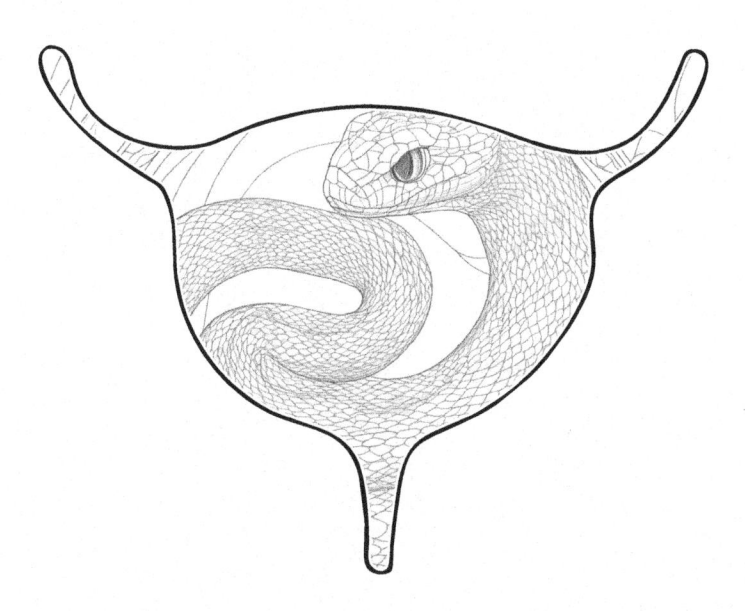

Asociado a este órgano podemos trabajar como Tótem a la Serpiente, que nos ayudará para controlar:

• Miedo o inseguridad: Sentimiento de vulnerabilidad constante
• Falta de control emocional: Incapacidad para gestionar el miedo o las emociones fuertes
• Ansiedad por el futuro: Preocupación excesiva por lo que está por venir.

Medita mientras coloreas en las situaciones donde sientes estas emociones. Puedes hacer apuntes y pedirle al espíritu de la Serpiente que te muestre aquello que estás necesitando dejar atrás y que llegue el tiempo de renovación, certeza y salud.

Mis notas

....
....
....
....
....
....

Causas de estrés para la vejiga:

- Consumo excesivo de bebidas estimulantes como café y alcohol.
- Exceso de sal y alimentos procesados.
- Falta de hidratación o consumo insuficiente de agua.
- Alimentos ácidos en exceso, como vinagre y frutas cítricas.
- Retener la orina durante largos períodos.
- Estrés emocional que afecta los riñones y el sistema urinario.

Alimentos beneficiosos para la vejiga:

- Pepinos (refrescan y limpian el sistema urinario).
- Apio (ayuda a eliminar toxinas).
- Sandía (diurético natural).
- Calabacín y calabaza (suaves y fáciles de digerir).
- Arándanos y perejil (apoyan la salud urinaria y previenen infecciones).
- Pescado y tofu (proteínas ligeras que no sobrecargan el sistema).

Alimentos que generan estrés para la vejiga:

- Alimentos muy salados y procesados.
- Café, té negro y alcohol.
- Frutas y jugos ácidos en exceso (como naranjas y limones).
- Alimentos picantes y fritos.
- Carnes rojas pesadas y alimentos muy grasos.
- Exceso de productos lácteos pesados.

Para el Meridiano de la Vejiga:

- Cocciones recomendadas: Cocido, vapor, guisos largos.
- Justificación: La vejiga necesita calor interno y apoyo en el manejo de los fluidos corporales. Las cocciones largas y los guisos profundos son ideales.
- Ajustes sugeridos: Guisos de frijoles negros, batata y verduras. Evita cocciones rápidas que no aporten suficiente calor al cuerpo.

RECETAS

1 - Batido de Arándanos y Pepino

Ingredientes:
- 1/2 taza de arándanos frescos o congelados (sin azúcar)
- 1/2 pepino
- 1 cucharadita de perejil fresco
- 1 taza de agua de coco o leche vegetal
- 1 cucharadita de miel o jarabe de agave (opcional)

Preparación:
1. Lava y corta el pepino y el perejil.
2. Añade todos los ingredientes en la licuadora y licúa hasta obtener una textura suave.
3. Sirve frío, ideal para prevenir infecciones urinarias y refrescar el sistema.

2 - Batido de peras con hojas verdes

Ingredientes:
- Pera madura (pelada y sin semillas)
- Leche de coco o almendras (sin azúcar)
- Hojas de acelga o col rizada (alternativa a la espinaca)
- Pepino
- Jengibre fresco rallado
- Semillas de chía (remojadas)
- Hojas de menta fresca para decorar

Preparación:
1. En una licuadora, mezcla la pera, la leche de coco o almendras, las hojas de acelga o col rizada, y el pepino.
2. Agrega un poco de jengibre rallado para darle un toque de frescura.
3. Mezcla hasta obtener una textura suave.
4. Agrega las semillas de chía remojadas y mezcla suavemente.
5. Sirve en un vaso y decora con unas hojas de menta fresca.

3 - Pudín de Chía con Pepino y Arándanos

Ingredientes:
- 3 cucharadas de semillas de chía
- 1 taza de leche de almendra o coco
- 1/2 pepino pequeño, rallado
- 1/2 taza de arándanos frescos
- 1 cucharadita de miel cruda o jarabe de agave (opcional, para endulzar)
- Unas hojas de menta fresca

Preparación:
1. Preparar el pudín de chía: En un tazón, mezcla las semillas de chía con la leche de almendra o coco. Añade la miel o jarabe de agave si lo deseas. Deja reposar durante al menos 2 horas o toda la noche en la nevera para que las semillas de chía absorban el líquido y formen una textura de pudín.
2. Añadir el pepino: Ralla el pepino y añádelo al pudín justo antes de servir, mezclando bien.
3. Añadir los arándanos: Incorpora los arándanos frescos en la parte superior del pudín.
3. Decorar: Si deseas, decora con unas hojas de menta fresca para un toque adicional de frescura.
4. Servir: Se puede servir frío o a temperatura ambiente.

4 - Sopa de apio y alga nori

Ingredientes:
- Apio (en trozos)
- Alga nori (desmenuzada)
- Caldo de verduras
- Cebolla picada
- Jengibre fresco rallado
- Un toque de salsa de soya (sin gluten, opcional)
- Aceite de sésamo
- Semillas de sésamo negro

Preparación:
1. En una olla, saltea la cebolla y el jengibre en aceite de sésamo hasta que estén dorados.
2. Agrega el apio en trozos y cocina por unos minutos.
3. Añade el caldo de verduras y deja hervir a fuego lento por unos 15-20 minutos.
4. Justo antes de servir, añade el alga nori desmenuzada y un toque de salsa de soya.
5. Sirve con un puñado de semillas de sésamo negro por encima.

5 - Caldo de Huevo con Cilantro

Ingredientes:
- 2 huevos
- 4 tazas de caldo de pollo o vegetales
- Un puñado de cilantro fresco picado
- 1 diente de ajo picado finamente
- 1/2 cucharadita de jengibre fresco rallado
- Sal marina al gusto
- Pimienta blanca al gusto (opcional)
- 1 cucharada de aceite de oliva o aceite de sésamo (para saltear)
- Agua adicional si es necesario para ajustar la cantidad del caldo

Preparación:
1. Preparar el caldo: En una olla grande, calienta el aceite de oliva o sésamo a fuego medio. Añade el ajo picado y el jengibre rallado, y sofríe hasta que estén fragantes.
2. Añadir el caldo: Vierte el caldo de pollo o vegetales en la olla y lleva a ebullición. Si es necesario, ajusta la cantidad de caldo con un poco de agua.
3. Agregar los huevos: Baja el fuego a medio-bajo. Bate ligeramente los huevos en un bol. Con una cuchara, revuelve el caldo creando un vórtice suave, y vierte lentamente los huevos batidos mientras sigues removiendo. Esto creará cintas suaves de huevo en el caldo.
4. Sazonar: Añade sal marina y pimienta blanca al gusto.
5. Agregar el cilantro: Justo antes de servir, añade el cilantro fresco picado para darle un toque fresco y diurético.
6. Servir: Sirve el caldo caliente en tazones, disfrutando de un desayuno ligero y nutritivo.

6 - Guiso de hinojo y zanahorias con jengibre

Ingredientes:
- Hinojo en rodajas finas
- Zanahorias en rodajas
- Jengibre fresco rallado
- Ajo picado
- Aceite de oliva o sésamo
- Un chorrito de jugo de limón
- Sal marina al gusto
- Semillas de sésamo negro para decorar

Preparación:
1. Calienta el aceite en una sartén grande y añade el ajo y el jengibre rallado. Sofríe hasta que esté fragante.

2. Añade las zanahorias y el hinojo y saltea a fuego medio-alto durante 2 minutos minutos, agrega medio pocillo de agua y cocina hasta que este tierno.
3. Ajusta la sal y añade un chorrito de jugo de limón para equilibrar los sabores.
4. Sirve caliente, decorado con semillas de sésamo negro para un toque final.

8 - Pollo al Vapor con Calabacín, Jengibre y Hierbas

Ingredientes:
- 2 pechugas de pollo
- 1 calabacín mediano, cortado en rodajas finas
- 1 zanahoria cortada en rodajas finas
- 1 trocito de jengibre fresco, cortado en láminas finas
- Hojas de cilantro fresco para decorar
- 1 cucharada de aceite de sésamo
- Jugo de 1/2 limón
- Sal marina al gusto
- Pimienta negra recién molida al gusto
- Agua o caldo de verduras para vapor

Preparación:
1. Preparar el pollo: Sazona las pechugas de pollo con una pizca de sal marina, pimienta negra y unas láminas de jengibre. Si deseas un toque de acidez, añade un chorrito de jugo de limón.
1. Cortar las verduras: Coloca el calabacín y la zanahoria en un plato o vaporera resistente al calor. Añade algunas láminas de jengibre por encima de las verduras para que liberen su aroma y beneficios.
2. Cocción al vapor: Coloca las pechugas de pollo sobre las verduras en la vaporera. Cocina al vapor a fuego medio-alto durante unos 20 minutos, o hasta que el pollo esté completamente cocido pero aún tierno. Asegúrate de que el pollo esté jugoso y no seco.
3. Montaje: Una vez que el pollo esté cocido, retíralo de la vaporera y córtalo en tiras. Sirve junto con las rodajas de calabacín y zanahoria cocidas al vapor.
4. Aliño final: Rocía el plato con un poco de jugo de limón fresco y, si lo prefieres, unas gotas de aceite de sésamo para darle un toque suave y nutritivo. Decora con hojas de cilantro fresco.

Opciones de acompañamiento:
- Arroz de coliflor o Pan de Almendras

A continuación encontrarás la receta del arroz de coliflor, que es una excelente alternativa sin cereales, ligera y perfecta para acompañar el pescado blanco al vapor o cualquier plato que desees.

9 - Arroz de coliflor

Ingredientes:
- 1 cabeza de coliflor (fresca)
- 2 dientes de ajo picados
- 1 cebolla pequeña picada (opcional)
- Aceite de oliva o aceite de coco
- Sal marina al gusto
- Pimienta negra recién molida (opcional)
- Unas gotas de jugo de limón (opcional)
- Hierbas frescas (perejil, cilantro o albahaca para decorar)

Preparación:
1. Preparar la coliflor:
Lava la coliflor y retira las hojas y el tallo central. Desmenúzala en floretes más pequeños.

Usa un procesador de alimentos para triturar la coliflor en trozos del tamaño de granos de arroz. Si no tienes un procesador, también puedes usar un rallador para obtener la textura deseada.
2. Saltear el ajo y la cebolla (opcional):
En una sartén grande, calienta un poco de aceite de oliva o aceite de coco a fuego medio. Añade el ajo picado y la cebolla, y sofríelos hasta que estén dorados y fragantes. Pon un poco de agua para justa la humedad y co
3. Cocinar la coliflor:
Añade la coliflor triturada a la sartén y saltea durante 5-7 minutos, removiendo con frecuencia. Cocina hasta que la coliflor esté tierna pero no demasiado blanda (es ideal que mantenga algo de textura similar al arroz).
4. Condimentar:
Ajusta la sal al gusto y añade pimienta negra si lo prefieres. También puedes añadir unas gotas de jugo de limón para darle un toque fresco.
5. Decorar y servir:
Justo antes de servir, decora con hierbas frescas como perejil, cilantro o albahaca, lo que añade frescura y color.

Variaciones:
- Puedes añadir más verduras como zanahorias ralladas, espárragos o pimientos en tiras para darle más color y textura al "arroz".
- Si te gusta el sabor más intenso, puedes agregar especias como cúrcuma o comino mientras salteas la coliflor.

10 - Pan de Harina de Almendras (sin cereales)

Ingredientes:
- 1 taza de harina de almendras
- 2 huevos (opcional, si no quieres proteína animal puedes omitirlos)
- 1 cucharadita de polvo de hornear
- 1/4 taza de aceite de oliva
- Sal marina al gusto
- Romero fresco picado (opcional)

Preparación:
Mezcla todos los ingredientes y hornea a 180°C (350°F) durante 20-25 minutos, o hasta que el pan esté dorado y cocido por dentro. Este pan sin cereales complementa bien el salteado de verduras y agrega una textura diferente al plato.

11 - Salteado de Verduras con Fenogreco (Apto para la Vejiga)

Ingredientes:
- 1 zanahoria grande, cortada en rodajas finas
- 1 calabacín mediano, cortado en rodajas
- 1 cebolla pequeña, picada
- 1 diente de ajo picado
- 1 trozo pequeño de jengibre fresco rallado
- 1 cucharadita de semillas de fenogreco
- 1 cucharadita de cúrcuma en polvo
- 1/2 cucharadita de comino en polvo
- 1/2 cucharadita de semillas de cilantro molidas
- 1 cucharada de aceite de oliva virgen extra

- Sal marina al gusto
- Pimienta negra al gusto
- Hojas de cilantro fresco para decorar

Preparación:
1. Tostar el fenogreco: En una sartén seca, tuesta las semillas de fenogreco a fuego medio durante 1-2 minutos hasta que liberen su aroma. Retíralas y resérvalas.
1. Saltear las verduras: En la sartén, calienta el aceite de oliva a fuego medio. Añade la cebolla picada, el ajo y el jengibre rallado, y sofríe durante 2-3 minutos hasta que estén fragantes.
2. Añadir las especias: Incorpora la cúrcuma, el comino y el cilantro molido (si lo usas). Remueve bien para mezclar las especias con las verduras.
3. Agregar las verduras: Añade la zanahoria y cocina durante unos 5 minutos, removiendo ocasionalmente. Luego, añade el calabacín y cocina por otros 3-4 minutos hasta que las verduras estén tiernas pero firmes.
4. Incorporar el fenogreco: Añade las semillas de fenogreco tostadas y mezcla bien. Cocina por 2-3 minutos más para integrar los sabores.
5. Ajustar condimentos: Sazona con sal y pimienta al gusto. Ajusta el sabor de las especias según prefieras.
6. Servir: Sirve caliente y decora con hojas de cilantro fresco.

Acompaña con Ensalada de Pepino y Aguacate con Limón y Cilantro:

- Ingredientes:
  1 pepino (refresca y elimina el calor)
  1/2 aguacate (rico en grasas saludables y fácil de digerir)
  Jugo de 1/2 limón (refresca y apoya la digestión)
  Hojas de cilantro fresco (refresca y apoya la vejiga)
  Sal marina al gusto
  Aceite de oliva virgen extra

- Preparación:
  Corta el pepino y el aguacate en cubos pequeños. Mezcla con el jugo de limón, las hojas de cilantro, una pizca de sal y un chorrito de aceite de oliva. Sirve frío como acompañamiento fresco.

12 - Parfait de Yogur con Frutas y Semillas

Ingredientes:
- 1 taza de yogur natural (puede ser de coco o de almendras)
- 1/2 taza de fresas, cortadas en rodajas
- 1/2 taza de arándanos
- 1/4 de taza de semillas de chía
- 1/4 de taza de nueces o almendras
- 1 cucharadita de miel o jarabe de agave (opcional, para endulzar)
- 1/2 cucharadita de canela en polvo
- Unas hojas de menta fresca para decorar (opcional)

Preparación:
1. Preparar las semillas de chía: En un bol pequeño, mezcla las semillas de chía con 1/2 taza de agua y deja reposar durante al menos 15 minutos, o hasta que se forme un gel. Esto ayudará a que las semillas se hidraten y se expandan.
2. Montar el parfait: En un vaso o tazón grande, comienza a montar el parfait. Coloca una capa de yogur en el fondo, seguida de una capa de frutas (fresas y arándanos). Agrega una capa de las semillas de chía hidratadas.

3. Añadir más capas: Continúa alternando capas de yogur, frutas y semillas de chía hasta que llegues a la parte superior del vaso. Termina con una capa de yogur y un poco de fruta encima.
4. Espolvorear con canela: Espolvorea la canela en polvo sobre la parte superior del parfait y añade nueces o almendras picadas. Si lo deseas, puedes añadir miel o jarabe de agave para un toque dulce adicional.
5. Decorar: Agrega unas hojas de menta fresca para decorar antes de servir.

13 - Torta de Zanahoria con Jengibre y Cardamomo

Ingredientes:
Para la Torta:
- 2 tazas de zanahorias ralladas
- 1/2 taza de harina de almendras
- 1/2 taza de harina de coco
- 1/2 taza de aceite de coco derretido
- 4 huevos
- 1/4 de taza de miel o jarabe de agave (opcional, para endulzar)
- 1 cucharadita de jengibre fresco rallado
- 1/2 cucharadita de cardamomo en polvo
- 1 cucharadita de canela en polvo
- 1/2 cucharadita de bicarbonato de sodio
- 1/4 de cucharadita de sal marina
- Nueces picadas

Para el Glaseado (opcional):
- 1/2 taza de queso crema (puede ser de almendra o de anacardo)
- 2 cucharadas de miel o jarabe de agave (para endulzar el glaseado)
- Unas gotas de extracto de vainilla (opcional)

Preparación:
1. Precalentar el horno:
Precalienta el horno a 180°C (350°F). Engrasa un molde para torta de aproximadamente 20 cm de diámetro.
2. Preparar la mezcla:
En un bol grande, bate los huevos y añade el aceite de coco derretido, la miel (o jarabe de agave), el jengibre rallado y el cardamomo en polvo. Mezcla bien hasta que estén combinados. Agrega las zanahorias ralladas y mezcla nuevamente.
En otro bol, combina la harina de almendras, la harina de coco, el bicarbonato de sodio, la canela y la sal marina. Mezcla bien los ingredientes secos. Añade los ingredientes secos a la mezcla húmeda y revuelve hasta que estén bien integrados. Si deseas, puedes agregar nueces picadas en este momento.
3. Hornear:
Vierte la mezcla en el molde preparado y alisa la parte superior con una espátula.
Hornea durante 30-35 minutos, o hasta que al insertar un palillo en el centro, este salga limpio.
4. Preparar el glaseado (opcional):
Mientras la torta se enfría, puedes preparar el glaseado. En un bol, mezcla el queso crema con la miel (o jarabe de agave) y el extracto de vainilla hasta que esté suave y cremoso.
5. Enfriar y servir:
Deja enfriar la torta en el molde durante 10 minutos antes de desmoldar. Luego, deja enfriar completamente sobre una rejilla.

Si lo deseas, extiende el glaseado sobre la torta antes de servir

.14 - Batido Helado de Sandía y Pepino

Ingredientes:
- 2 tazas de sandía cortada en cubos (sin semillas)
- 1 pepino pequeño (pelado y en rodajas)
- 1 cucharadita de jugo de limón
- 1 cucharada de miel (opcional)
- Hojas de menta fresca para decorar
- Unas rodajas de limón para decorar (opcional)

Preparación:
1. Congelar la sandía: Coloca los cubos de sandía en el congelador durante al menos 2-3 horas hasta que estén completamente congelados.
1. Mezclar los ingredientes: En una licuadora, combina los cubos de sandía congelada, las rodajas de pepino, el jugo de limón y la miel. Licúa hasta obtener una textura suave y cremosa.
2. Servir: Vierte el batido helado en vasos y decora con hojas de menta fresca y rodajas de limón. Sirve inmediatamente.

INGREDIENTES PARA LAS RECETAS DE VEJIGA

- Aceite de coco
- Aceite de oliva
- Aceite de sésamo
- Acelga
- Agua de coco
- Ajo
- Alga nori
- Almendras
- Arándanos
- Calabacín
- Caldo de pollo
- Caldo de verduras
- Cebolla
- Cilantro
- Coliflor
- Hinojo
- Huevos
- Jengibre
- Jugo de limón
- Leche de almendras
- Leche de coco
- Limón
- Menta
- Miel
- Pepino
- Pera
- Perejil
- Pescado blanco
- Pimienta
- Polvo de hornear
- Romero
- Sal
- Salsa de soya - sin gluten
- Sandía
- Semillas de chía
- Semillas de sésamo
- Zanahoria

CUARTO MENGÜANTE

En la fase de cuarto menguante, la Luna ha comenzado a decrecer. La mitad izquierda de la Luna está iluminada, mientras que la derecha está oscura. Durante esta fase, la energía es de disminución y declinación.

Órganos y meridianos para trabajar en esta fase lunar: Riñón, Pericardio, Triple calentador.

10
RIÑONES

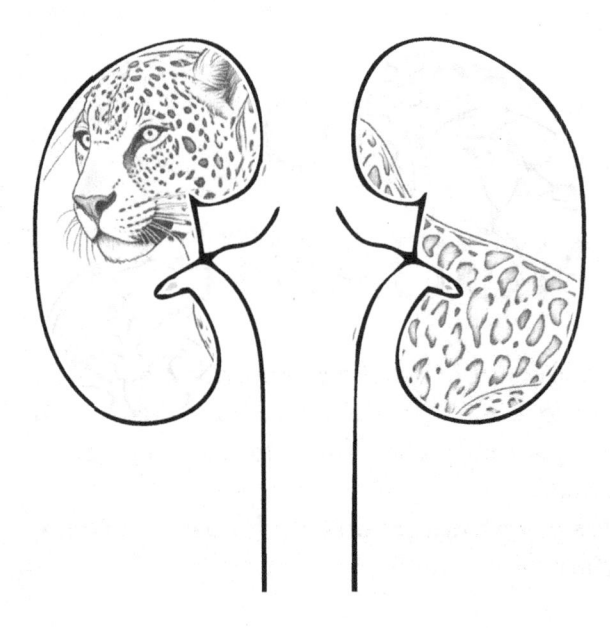

Asociado a este órgano podemos trabajar como Tótem Jaguar, que nos ayudará para vencer cosas como:

- Miedo profundo: Sentimiento constante de temor o inseguridad.
- Falta de fuerza de voluntad: Dificultad para seguir adelante con decisiones o planes.
- Agotamiento emocional: Sensación de estar emocionalmente drenado.

Medita mientras coloreas en las situaciones donde sientes estas emociones. Puedes hacer apuntes y pedirle al espíritu del Jaguar inspiración, energía y valor para tu próximo movimiento.

Mis notas

....
....
....
....
....
....

Causas de Estrés para los Riñones:

- Consumo excesivo de café, alcohol y otras bebidas estimulantes.
- Exceso de trabajo físico o mental sin descanso adecuado.
- Estrés crónico o prolongado, que agota la energía de los riñones.
- Dieta rica en sal o alimentos procesados que sobrecargan los riñones.
- Deshidratación o consumo insuficiente de agua.
- Exposición prolongada al frío, especialmente en la zona lumbar.
- Exceso de proteínas animales, especialmente carne roja.

Alimentos Beneficiosos para los Riñones:

- Frijoles negros (nutren directamente el meridiano de los riñones).
- Nueces (fortalecen la esencia vital y calientan los riñones).
- Algas (remineralizan y apoyan la función renal).
- Batata (boniato) (dulce natural que fortalece la energía de los riñones).
- Ajo (estimula la circulación y apoya la desintoxicación).
- Zanahoria (suave para los riñones y equilibrante).
- Moras (nutren la esencia y ayudan a rejuvenecer los riñones).
- Sésamo negro (ayuda a fortalecer la energía de los riñones y la vitalidad general).

Alimentos que Generan Estrés para los Riñones:

- Alimentos muy salados y procesados.
- Café, té negro y alcohol en exceso.
- Carnes rojas pesadas y alto consumo de proteínas animales.
- Bebidas frías (pueden debilitar la energía de los riñones).
- Alimentos fritos y muy grasos.
- Alimentos muy picantes que irritan el sistema.

Para el Meridiano de los Riñones:

- Cocciones recomendadas: Cocciones largas, guisos profundos, estofados.
- Justificación: Los riñones necesitan alimentos cocidos a fuego lento que tonifiquen el Yin y fortalezcan el Yang.
- Ajustes sugeridos: Sopas y guisos largos con algas, frijoles negros, y nueces. Evita salteados rápidos o alimentos crudos para los riñones.

RECETAS

1 - Batido de Moras y Bayas de Goji con Sésamo Negro

Ingredientes:
- 1 taza de moras frescas
- 1 cucharada de bayas de goji (remojadas durante la noche)
- 1 cucharadita de semillas de sésamo negro
- 1 plátano maduro
- 1 taza de leche de almendras (sin azúcar)
- 1 cucharadita de miel (opcional)

Preparación:
1. Coloca las moras, las bayas de goji remojadas, el plátano, las semillas de sésamo negro y la leche de almendras en una licuadora.
2. Mezcla hasta obtener una textura suave y homogénea.
3. Si lo deseas, añade miel para endulzar.
4. Sirve en un vaso y decora con algunas semillas de sésamo negro.

2- Estofado de Batata, Frijoles Negros y Setas

Ingredientes:
- 1 batata mediana, pelada y cortada en cubos
- 1 taza de frijoles negros cocidos
- 1 taza de setas shiitake o champiñones, cortados en rodajas
- 1 diente de ajo, picado
- 1 cucharadita de jengibre fresco rallado (opcional)
- 2 tazas de caldo vegetal o agua
- 1 cucharada de aceite de sésamo o aceite de oliva
- 1 cucharada de salsa de soya (opcional, sin gluten)
- 1 cucharada de semillas de sésamo negro (opcional)
- Sal marina al gusto
- Perejil fresco picado para decorar

Preparación:
1. Saltear las verduras: En una cacerola grande, calienta el aceite de sésamo a fuego medio. Añade el ajo y el jengibre rallado (si lo usas) y sofríe durante 1-2 minutos hasta que estén fragantes.
2. Añadir las setas: Agrega las setas cortadas en rodajas y cocina durante 3-4 minutos, hasta que comiencen a ablandarse.
3. Agregar la batata y los frijoles negros: Añade los cubos de batata y los frijoles negros cocidos a la cacerola. Remueve bien para que se mezclen con el ajo y las setas.
4. Cocinar el estofado: Vierte las 2 tazas de caldo vegetal o agua en la cacerola. Lleva a ebullición y luego reduce el fuego a bajo. Cubre y cocina a fuego lento durante 20-25 minutos, o hasta que la batata esté suave.
5. Ajustar el sabor: Añade la salsa de soya (si la usas) y sal al gusto. Cocina por unos minutos más para que los sabores se integren.
6. Servir: Sirve el estofado caliente en un tazón. Decora con semillas de sésamo negro y perejil fresco picado antes de servir.

3- Galletas Saladas de Nueces con Hierbas y Especias para Fortalecer los Riñones

Ingredientes:
- 1 taza de nueces picadas
- 1 taza de harina de almendras (sin cereales)
- 1 cucharada de aceite de coco derretido o aceite de oliva
- 1 cucharadita de semillas de sésamo negro
- 1/2 cucharadita de jengibre seco molido
- 1/2 cucharadita de cúrcuma en polvo
- 1 cucharadita de romero fresco picado o seco
- 1/2 cucharadita de sal marina
- 1/4 cucharadita de pimienta negra recién molida (opcional)
- 1/2 cucharadita de tomillo
- Agua (según sea necesario para la textura)

Preparación:
1. Precalentar el horno: Precalienta el horno a 180°C y prepara una bandeja con papel para hornear.
2. Mezclar los ingredientes secos: En un tazón grande, mezcla las nueces picadas, la harina de almendras, las semillas de sésamo negro, el jengibre seco, la cúrcuma, el romero, el tomillo, la sal marina y la pimienta negra.
3. Añadir los ingredientes húmedos: Añade el aceite de coco derretido o el aceite de oliva a la mezcla seca. Si la masa está demasiado seca, agrega agua poco a poco hasta que puedas formar una masa que se mantenga unida al presionarla.
4. Formar las galletas: Forma pequeñas bolitas de la masa y aplánalas ligeramente para darles forma de galleta. Colócalas en la bandeja preparada para hornear.
5. Hornear: Hornea las galletas durante 12-15 minutos, o hasta que estén doradas en los bordes. Vigílalas para que no se quemen.
6. Enfriar y servir: Deja que las galletas se enfríen completamente en una rejilla antes de servir.

4- Fríjoles Negros Molidos con Especias

Ingredientes:
- 1 taza de fríjoles negros cocidos (puedes remojarlos la noche anterior)
- 1 diente de ajo picado
- 1 cucharadita de aceite de sésamo
- 1/2 cucharadita de comino molido (opcional)
- 1/2 cucharadita de semillas de cilantro y/o orégano molidas (opcional)
- Sal marina al gusto
- Agua o caldo vegetal (para ajustar la consistencia)

Preparación:
1. Cocinar los fríjoles: Si los frijoles están remojados, cocínalos hasta que estén blandos. Puedes usar frijoles cocidos previamente si ya los tienes listos.
2. Sofreír el ajo: En una sartén, calienta el aceite de sésamo y sofríe el ajo picado hasta que esté dorado y fragante.
3. Triturar los fríjoles: En una licuadora o procesador de alimentos, mezcla los frijoles cocidos con el ajo sofrito. Añade el comino, las semillas de cilantro y un poco de agua o caldo vegetal para lograr una textura suave.

3. Ajustar la sal: Añade sal marina al gusto y ajusta la consistencia según prefieras (puedes agregar más líquido si lo deseas más cremoso).
4. Calentar y servir: Calienta la mezcla en una sartén durante unos minutos antes de servir.

5- Pollo al Vapor con Algas y Batata

Ingredientes:
- 2 pechugas de pollo (sin piel)
- 1 batata mediana (pelada y cortada en rodajas finas)
- 1 zanahoria (cortada en rodajas finas)
- 1 hoja de alga kombu o nori (cortada en tiras finas)
- 2 dientes de ajo (picados)
- 1 cucharadita de semillas de sésamo negro
- 1 cucharadita de aceite de sésamo
- Jugo de limón (opcional)
- Sal marina al gusto
- Unas gotas de salsa de soya (sin gluten, opcional)
- Unas hojas de cilantro o perejil para decorar

Preparación:
1. Preparar las verduras: Coloca las rodajas de batata y zanahoria en la base de una vaporera o una bandeja de vapor, formando una cama.
2. Preparar el pollo: Coloca las pechugas de pollo sobre las verduras. Espolvorea el ajo picado y las tiras de alga kombu o nori por encima del pollo. Añade una pizca de sal marina al gusto.
3. Cocinar al vapor: Cocina al vapor durante unos 15-20 minutos, o hasta que el pollo esté bien cocido y las verduras estén tiernas.

4. Servir: Una vez cocido, coloca el pollo y las verduras en un plato. Rocía con aceite de sésamo y unas gotas de salsa de soya si lo deseas. Espolvorea las semillas de sésamo negro por encima y decora con hojas de cilantro o perejil.

6- Pescado Blanco al Horno con Sésamo Negro y Verduras

Ingredientes:
- 2 filetes de pescado blanco (como merluza o bacalao)
- 1 batata mediana (en rodajas finas)
- 1 zanahoria (en rodajas finas)
- 2 dientes de ajo (picados)
- 1 cucharada de semillas de sésamo negro
- 1 hoja de alga nori (cortada en tiras finas)
- 1 cucharada de aceite de oliva o aceite de sésamo
- Jugo de medio limón
- Sal marina al gusto
- Pimienta negra (opcional)
- Perejil fresco o cilantro para decorar

Preparación:
1. Precalentar el horno: Precalienta el horno a 180°C y prepara una bandeja para hornear.
2. Preparar las verduras: Coloca las rodajas de batata y zanahoria en la bandeja. Rocía con un poco de aceite de oliva o aceite de sésamo y espolvorea sal marina al gusto.
3. Preparar el pescado: Coloca los filetes de pescado sobre las verduras. Espolvorea el ajo picado y las tiras de alga nori por encima del pescado. Añade las semillas de sésamo negro y unas gotas de jugo de limón.

4. Hornear: Hornea durante 15-20 minutos, o hasta que el pescado esté cocido y las verduras estén tiernas.
5. Servir: Coloca el pescado y las verduras en un plato y decora con perejil fresco o cilantro. Añade más sésamo negro si lo deseas.

Para acompañar estos platos y fortalecer aún más el meridiano del riñón según la Medicina Tradicional China (MTC), te sugiero algunos acompañamientos que complementan los ingredientes principales y aportan beneficios específicos para los riñones. Aquí tienes algunas opciones que son fáciles de preparar y que, según los expertos en MTC, apoyan la energía del meridiano del riñón.

7- Arroz de Coliflor con Jengibre y Sésamo Negro

Ingredientes:
- 1 cabeza de coliflor (triturada o rallada en forma de "arroz")
- 1 cucharadita de jengibre fresco rallado
- 1 cucharadita de semillas de sésamo negro
- 1 diente de ajo picado
- 1 cucharada de aceite de sésamo
- Sal marina al gusto

Preparación:
1. Calienta el aceite de sésamo en una sartén y sofríe el ajo y el jengibre rallado hasta que estén fragantes.
2. Añade la coliflor triturada y saltea durante unos 5-7 minutos, hasta que esté tierna pero aún ligeramente crujiente.
3. Añade las semillas de sésamo negro y ajusta la sal al gusto.

4. Sirve caliente como acompañamiento para el pollo o el pescado.

8- Ensalada de Espinacas y Bayas de Goji con Aliño de Sésamo

Ingredientes:
- 1 taza de espinacas frescas
- 1 cucharada de bayas de goji (remojadas en agua durante 10 minutos)
- 1 cucharadita de semillas de sésamo negro
- 1 cucharada de aceite de sésamo
- Jugo de medio limón
- Sal marina al gusto

Preparación:
1. Coloca las espinacas frescas en un tazón grande y añade las bayas de goji remojadas.
2. En un pequeño tazón, mezcla el aceite de sésamo, el jugo de limón y una pizca de sal.
3. Vierte el aliño sobre la ensalada y espolvorea con semillas de sésamo negro. Mezcla bien y sirve junto a los platos principales.

9- Sopa Ligera de Algas con Cebolla Verde y Jengibre

Ingredientes:
- 1 hoja de alga wakame o kombu (remojada y cortada en tiras)
- 1 cucharadita de jengibre fresco rallado
- 2 cebollas verdes picadas
- 1 diente de ajo picado
- 1 cucharada de salsa de soya (sin gluten, opcional)
- 3 tazas de agua o caldo vegetal
- Unas gotas de aceite de sésamo

Preparación:
1. En una cacerola, calienta un poco de aceite de sésamo y sofríe el ajo y el jengibre hasta que estén fragantes.
2. Añade el agua o caldo y lleva a ebullición. Agrega las algas y las cebollas verdes.
3. Cocina durante unos 10 minutos a fuego lento.
   Añade la salsa de soya (si la usas) y ajusta la sal al gusto.
   Sirve caliente como acompañamiento ligero y nutritivo.

10- Pudín de Sésamo Negro con Leche de Coco

Ingredientes:
- 1 cucharada de semillas de sésamo negro (tostadas y molidas)
- 1 taza de leche de coco (sin azúcar)
- 1 cucharada de miel o sirope de arce (opcional)
- 1 cucharadita de agar-agar en polvo (gelatina vegetal)
- Unas gotas de extracto de vainilla (opcional)
- Frutas frescas (como moras o bayas de goji remojadas) para decorar

Preparación:
1. Preparar el pudín: En una cacerola pequeña, calienta la leche de coco a fuego medio. Añade el agar-agar en polvo y remueve bien hasta que se disuelva por completo.
2. Añadir el sésamo negro: Añade las semillas de sésamo negro molidas y la miel o sirope de arce, junto con el extracto de vainilla si lo usas. Cocina durante unos minutos, removiendo constantemente, hasta que la mezcla comience a espesar.
3. Verter en moldes: Vierte la mezcla en pequeños moldes o tazones y deja enfriar a temperatura ambiente. Luego refrigera durante al menos 2 horas hasta que el pudín esté firme.
4. Servir: Desmolda y sirve el pudín con algunas moras frescas o bayas de goji remojadas por encima.

11- Postre de Moras con Nueces Caramelizadas

Ingredientes:
- Moras frescas
- Nueces (preferiblemente enteras o en mitades)
- Miel o sirope de agave (natural, sin refinar)
- Canela en polvo
- Aceite de coco (una pequeña cantidad para tostar las nueces)
- Vainilla natural (opcional, para darle un toque suave y aromático)
- Hojas de menta (opcional para decorar)

Instrucciones:
1. Caramelizar las nueces:
   En una sartén a fuego medio, añade una pequeña cantidad de aceite de coco (aproximadamente una cucharadita).
   Coloca las nueces en la sartén y tuéstalas ligeramente hasta que empiecen a dorarse.
2. Añade miel o sirope de agave y remueve para que las nueces queden cubiertas uniformemente con el dulce.
   Si lo deseas, espolvorea un poco de canela para calentar el meridiano de los riñones.
   Cocina por unos minutos hasta que las nueces estén bien caramelizadas, luego retíralas del fuego y déjalas enfriar.
3. Preparar las moras:
   Lava las moras frescas y colócalas en un bol.
   Si lo deseas, añade un toque de miel para suavizar la acidez de las moras.
4. Montaje:

- En un vaso o tazón, coloca las moras en la base.
- Añade las nueces caramelizadas encima de las moras.
- Si usas vainilla natural, puedes agregar unas gotas sobre las moras para un sabor extra.
- Decora con unas hojas de menta si lo prefieres.

INGREDIENTES PARA LAS RECETAS DE RIÑÓN

- Aceite de coco
- Aceite de sésamo
- Aguacate maduro
- Alga kombu
- Alga nori
- Almendras (harina)
- Ajo
- Arándanos
- Bayas de goji (remojadas)
- Batata (camote)
- Cebolla verde
- Cilantro
- Coliflor
- Comino molido (opcional)
- Cúrcuma en polvo
- Fríjoles negros
- Jengibre fresco rallado
- Jengibre seco molido
- Jugo de limón
- Leche de almendras (sin azúcar)
- Leche de coco (sin azúcar)
- Miel (opcional)
- Moras frescas
- Nueces picadas
- Perejil
- Pimienta negra recién molida (opcional)
- Plátano maduro
- Romero fresco picado o seco
- Sal marina
- Salsa de soya (sin gluten, opcional)
- Semillas de cilantro (opcional)
- Semillas de sésamo negro
- Sirope de agave (natural, sin refinar)
- Tomillo
- Vainilla natural (opcional)
- Zanahoria

11
PERICARDIO

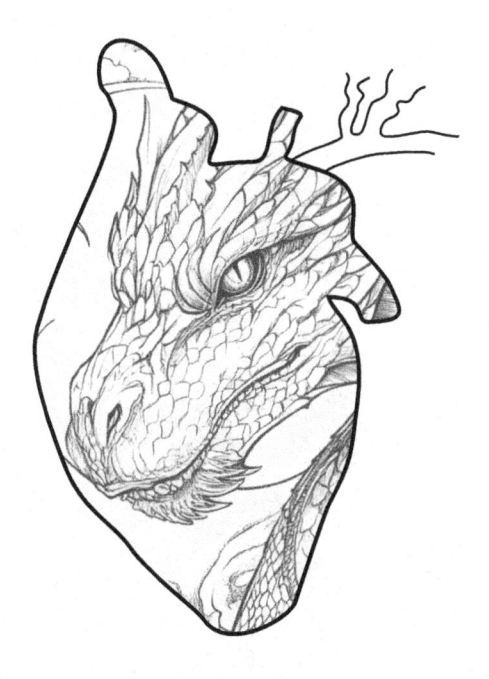

Asociado a este órgano podemos trabajar como Tótem al Dragón, que nos ayudará para gestionar correctamente aspectos como:

- Cierre emocional: Dificultad para conectarse con los demás o expresar afecto.
- Sentimiento de aislamiento: Sensación de estar emocionalmente separado de los demás.
- Protección excesiva: Tendencia a evitar situaciones emocionales por miedo a salir herido.

Medita mientras coloreas en las situaciones donde sientes estas emociones. Puedes hacer apuntes y pedirle al espíritu del Dragón que te ayude a entender las conexiones ocultas entre todas las cosas y a desarrollar con confianza e integridad tu sentido de la intuición y la sabiduría.

Mis notas

Causas de Estrés para el Pericardio:

- Estrés emocional extremo o prolongado, como la ansiedad y las preocupaciones constantes, que afectan la función protectora del pericardio.
- Falta de sueño o insomnio, que agota la energía del corazón y del pericardio.
- Consumo excesivo de café, alcohol y alimentos estimulantes, que sobrecargan la energía del pericardio y del corazón.
- Exposición prolongada al calor, especialmente en climas muy cálidos o en situaciones de calor extremo que secan los fluidos del cuerpo.
- Dietas desequilibradas ricas en grasas y alimentos procesados, que generan bloqueos en el flujo de energía.
- Alimentos muy picantes o con exceso de especias, que pueden sobrecalentar el pericardio y alterar su función.

Alimentos Beneficiosos para el Pericardio:

- Espinacas: Ricas en nutrientes que enfrían y calman la sangre, ayudando a mantener el equilibrio del pericardio.
- Apio: Ayuda a reducir el calor en el cuerpo, nutre los líquidos y relaja el sistema circulatorio.
- Semillas de sésamo: Nutren el Yin del corazón y del pericardio, favoreciendo la fluidez en el sistema.
- Nueces: Aportan calor suave y energía al corazón y pericardio, además de fortalecer la esencia vital.
- Peras: Refrescan el pericardio, nutren los fluidos y alivian la sed en climas cálidos o después de situaciones estresantes.
- Higos: Ayudan a mantener los intestinos y la energía del corazón en equilibrio, al ser dulces y suaves.
- Pepinos: Tienen un efecto refrescante en el cuerpo, especialmente en la energía del corazón y del pericardio.
- Dátiles rojos: Tonifican el Qi del corazón y el pericardio, promoviendo una circulación adecuada de la energía.

Alimentos que Generan Estrés para el Pericardio:

- Café y alcohol en exceso: Estimulan demasiado el sistema y sobrecargan la función protectora del pericardio.
- Alimentos muy salados y procesados: Dificultan la circulación sanguínea y el flujo energético del pericardio.
- Carnes rojas pesadas: Sobrecargan el corazón y el pericardio, afectando la digestión y el movimiento libre del Qi.
- Bebidas muy frías: Pueden causar un estancamiento en el flujo energético y afectar el pericardio.
- Alimentos fritos y muy grasos: Pueden generar bloqueos en el flujo de sangre y Qi, afectando la función de protección del pericardio.
- Alimentos picantes en exceso: Sobrecalientan el cuerpo y pueden irritar el sistema protector del pericardio.

Para el Meridiano del Pericardio:

- Cocciones recomendadas: Ligera, vapor, guisos suaves.
- Justificación: El pericardio se beneficia de alimentos que enfríen el calor y tonifiquen el Qi, pero las cocciones deben ser suaves.
- Ajustes sugeridos: Sopas ligeras, hervidos suaves con espinacas, apio y nueces. Evita alimentos muy pesados o grasos.

RECETAS

1- Avena de Almendras con Dátiles Rojos y Canela (sin cereales)

Ingredientes:
- 1/2 taza de harina de almendras o almendras molidas
- 1 cucharada de dátiles rojos (jujube), picados
- 1 cucharadita de canela en polvo
- 1 cucharadita de miel o sirope de arce
- 1 taza de leche de almendras o coco (sin azúcar)
- Unas nueces picadas para decorar

Preparación:
1. Cocinar las almendras: En una cacerola, calienta la leche de almendras o coco a fuego medio. Añade la harina de almendras, los dátiles rojos picados y la canela, removiendo constantemente.
2. Añadir miel: Una vez que la mezcla esté espesa y cremosa (después de unos 5 minutos), añade la miel o sirope de arce y mezcla bien.
3. Servir: Sirve caliente y decora con nueces picadas por encima.

2- Sopa de Apio y Pepino

Ingredientes:
- 4 tallos de apio (cortados en trozos)
- 1 pepino (pelado y cortado en rodajas)
- Jengibre fresco rallado (una pequeña cantidad)
- 1 cucharada de aceite de sésamo
- Sal marina (al gusto)
- Perejil fresco (para decorar)

Instrucciones:
1. En una olla, calienta el aceite de sésamo a fuego bajo y añade el jengibre rallado. Sofríelo ligeramente hasta que libere su aroma.
2. Agrega el apio y sofríe durante unos 2-3 minutos.
3. Añade agua suficiente para cubrir el apio y cocina a fuego medio hasta que esté tierno (unos 10 minutos).
4. Añade el pepino y cocina durante 5 minutos más.
5. Ajusta la sal al gusto.
6. Sirve la sopa caliente, decorada con perejil fresco.
7. Si deseas puedes licuar los ingredientes y servirlo como crema, también funciona.

3- Guiso de Pollo con Jengibre, Zanahoria y Espárragos

Ingredientes:
- 200 g de pechuga de pollo (cortada en tiras finas)
- 1 zanahoria (pelada y cortada en tiras finas)
- 1 manojo de espárragos (cortados en trozos)
- 1 cucharadita de jengibre fresco rallado
- 2 dientes de ajo picados
- 1 cucharada de aceite de sésamo
- 1 cucharadita de salsa de soya (sin gluten, opcional)
- Sal marina al gusto
- Pimienta negra al gusto
- Semillas de sésamo tostadas para decorar

Preparación:
1. Cocinar el pollo: En una sartén grande, calienta el aceite de sésamo a fuego medio, incorpora agua y cuando hierva añade las tiras de pollo. Cocina hasta que el pollo esté bien cocido.
2. Añadir el ajo y el jengibre: Agrega el ajo picado y el jengibre rallado.
3. Cocinar las verduras: Añade las zanahorias y los espárragos y cocina durante a fuego medio, removiendo ocasionalmente, hasta que las verduras estén tiernas pero crujientes.
4. Sazonar: Añade la salsa de soya (si la usas), la sal marina y la pimienta negra. Cocina por un minuto más.
5. Servir: Sirve caliente, decorado con semillas de sésamo tostadas.

4 - Picadillo de Pollo con Champiñones, Bayas de Goji y Canela

Ingredientes (ajustado):
- 200 g de pechuga de pollo (cortada en cubos pequeños)
- 1 zanahoria (pelada y cortada en cubos pequeños)
- 1/2 calabacín (cortado en cubos pequeños)
- 1 taza de champiñones (shiitake, crimini o champiñones blancos) cortados en rodajas finas
- 1 cucharada de bayas de goji (remojadas en agua caliente durante 10 minutos)
- 1/2 cebolla (finamente picada)
- 2 dientes de ajo (picados)
- 1 cucharadita de jengibre rallado
- 1/4 cucharadita de canela en polvo o menos, solo un poco es necesario
- 1/4 cucharadita de semillas de cilantro molidas
- 1 cucharada de aceite de oliva o aceite de sésamo
- Sal marina al gusto
- Hojas de cilantro fresco para decorar

Preparación:
1. Cocina el pollo: En una sartén grande, calienta el aceite de oliva o sésamo. Agrega medio pocillo de agua y cuando hierva agrega los olores y aliños y después el pollo en cubos y cocina a fuego medio y tapa hasta que esté bien cocido. Retira el pollo de la sartén y resérvalo.
2. Incorpora las verduras y champiñones: En la misma olla, añade un poco más de agua caliente si es necesario. Aparte sofríe la cebolla, el ajo y el jengibre hasta que estén dorados y fragantes. Luego, añade la zanahoria, el calabacín y los champiñones. Cocina a fuego medio-alto durante 5-7 minutos o hasta que estén tiernos.
3. Añadir las especias: Agrega la canela en polvo y las semillas de cilantro molidas, mezclando bien para que se integren con las verduras y el pollo.
4. Mezclar y servir: Vuelve a añadir el pollo a la olla, mezcla bien con las verduras, bayas de goji y ajusta la sal al gusto. Sirve caliente y decora con hojas de cilantro fresco.

5 - Pescado al Vapor con Algas y Jengibre

Ingredientes:
- 2 filetes de pescado blanco (merluza, tilapia, o bacalao)
- 1 hoja de alga kombu o nori (cortada en tiras finas)
- 1 cucharadita de jengibre fresco rallado
- 2 dientes de ajo (picados finamente)
- 1 cucharada de aceite de sésamo
- Jugo de 1 limón
- Cebolla verde picada (para decorar)
- Semillas de sésamo (opcional)
- Sal marina al gusto

Instrucciones:
1. Preparar el pescado:
   Coloca los filetes de pescado en un plato resistente al vapor.
   Espolvorea las tiras de alga por encima del pescado.
   Añade el jengibre rallado y el ajo picado sobre los filetes.
2. Cocinar al vapor:
   Coloca el plato en una vaporera y cocina al vapor durante 10-12 minutos, o hasta que el pescado esté cocido y tierno.
3. Aliño:
   En un bol pequeño, mezcla el jugo de limón con el aceite de sésamo y un poco de sal marina.
   Rocía el aliño sobre el pescado al vapor.
4. Decoración y servir:
   Decora con cebolla verde picada y, si lo deseas, espolvorea con semillas de sésamo.
   Sirve el pescado caliente junto a una guarnición ligera, como arroz de coliflor o una ensalada fresca.

6 - Salteado de Espinacas con Ajo y Cardamomo

Ingredientes:
- 2 tazas de espinacas frescas
- 2 dientes de ajo (picados)
- 1/2 cucharadita de cardamomo molido
- 1 cucharadita de aceite de sésamo o aceite de oliva
- 1 cucharada de semillas de sésamo tostadas para decorar
- Sal marina al gusto
- Unas gotas de jugo de limón (opcional)

Preparación:
1. Sofreír el ajo y el cardamomo: En una sartén, calienta el aceite de sésamo o de oliva. Añade el ajo picado y sofríe durante 1-2 minutos hasta que esté dorado y fragante.
2. Saltear las espinacas: Agrega las espinacas frescas a la sartén junto con el cardamomo molido. Cocina durante 3-4 minutos, removiendo constantemente, hasta que las espinacas se marchiten.
3. Ajustar el sabor: Añade sal al gusto y, si lo prefieres, unas gotas de jugo de limón para darle un toque ácido.
4. Servir: Sirve caliente y decora con semillas de sésamo tostadas.

7 - Sopa de Col con Semillas de Cilantro

Ingredientes:
- 2 tazas de col blanca o verde, cortada en tiras finas
- 1/2 cebolla (finamente picada)
- 2 dientes de ajo (picados)
- 1 cucharadita de semillas de cilantro (molidas o enteras)
- 1 cucharada de aceite de oliva o aceite de sésamo
- 4 tazas de caldo de verduras
- Sal marina al gusto
- Pimienta negra al gusto (opcional)
- Unas hojas de perejil fresco para decorar

Preparación:
1. Sofreír la cebolla y el ajo: En una cacerola grande, calienta el aceite de oliva o sésamo a fuego medio. Añade la cebolla y el ajo picado, y sofríelos hasta que estén dorados y fragantes.
2. Añadir la col: Añade la col cortada en tiras finas y cocina durante unos 3-4 minutos, removiendo ocasionalmente, hasta que la col comience a ablandarse.
3. Añadir las semillas de cilantro: Agrega las semillas de cilantro molidas o enteras a la cacerola y mezcla bien para que liberen su aroma y sabor.
4. Cocinar la sopa: Vierte el caldo de verduras en la cacerola y lleva la mezcla a ebullición. Luego, reduce el fuego y cocina a fuego lento durante unos 15-20 minutos, o hasta que la col esté suave.
5. Sazonar y servir: Ajusta la sal marina y la pimienta al gusto. Sirve caliente, decorado con hojas de perejil fresco.

8 - Sopa Ligera de Algas Kombu con Jengibre

Ingredientes:
- 1 hoja de alga kombu (remojada y cortada en tiras)
- 1 cucharadita de jengibre fresco rallado
- 2 cebollas verdes (picadas)
- 1 diente de ajo (picado)
- 1 cucharada de aceite de sésamo
- 3 tazas de agua o caldo vegetal
- Sal marina (al gusto)

Instrucciones:
1. En una cacerola, calienta el aceite de sésamo y sofríe el ajo y el jengibre hasta que estén fragantes.
2. Añade el agua o caldo vegetal y lleva a ebullición.
3. Agrega las algas kombu y las cebollas verdes.
4. Cocina a fuego lento durante 10 minutos.
5. Ajusta la sal al gusto y sirve caliente.

9 - Berenjenas Rellenas con Nueces, Jengibre y un Toque de Cúrcuma

Ingredientes:
- 4 berenjenas medianas (cortadas por la mitad y ahuecadas)
- 1/2 taza de nueces (picadas)
- 1/4 taza de cebolla (finamente picada)
- 1 diente de ajo (picado)
- 1/2 cucharadita de jengibre fresco rallado
- 1/4 cucharadita de cúrcuma en polvo (opcional, en pequeña cantidad)
- 1 pizca de cardamomo en polvo (opcional)

- 1/4 cucharadita de canela en polvo (opcional)
- Pimienta negra al gusto (opcional)
- Sal marina al gusto
- 2 cucharadas de aceite de oliva
- 1/4 taza de perejil fresco (picado, para decorar)

Instrucciones:
1. Preparar las berenjenas:
   Precalienta el horno a 180°C (350°F). Corta las berenjenas por la mitad a lo largo y ahuécalas ligeramente, retirando parte de la pulpa (reserva esta pulpa para el relleno).
   Coloca las berenjenas en una bandeja para hornear.
2. Hacer el relleno:
   En una sartén grande, calienta el aceite de oliva a fuego medio. Sofríe la cebolla y el ajo hasta que estén tiernos.
   Añade las nueces picadas, la pulpa de berenjena, el jengibre, la cúrcuma y una pizca muy pequeña de cardamomo y canela. Cocina por unos minutos, removiendo constantemente.
   Ajusta la sal y la pimienta al gusto.
3. Rellenar las berenjenas:
   Rellena las berenjenas con la mezcla de nueces y pulpa. Presiona suavemente para que el relleno se mantenga en su lugar.
4. Hornear:
   Coloca las berenjenas rellenas en el horno y hornéalas durante 25-30 minutos, o hasta que estén tiernas.
5. Servir:
   Decora con perejil fresco picado antes de servir.

10 - Bolitas Energéticas de Dátiles y Nueces

Ingredientes:
- 1 taza de dátiles deshuesados
- 1 taza de nueces
- 1 cucharadita de canela en polvo
- 1/2 cucharadita de extracto de vainilla
- Una pizca de sal
- Coco rallado (opcional, para cubrir)

Preparación:
1. Mezclar los ingredientes: En un procesador de alimentos, combina los dátiles, las nueces, la canela, el extracto de vainilla y la sal. Procesa hasta que la mezcla esté bien combinada y pegajosa.
2. Formar bolitas: Con las manos, forma pequeñas bolitas del tamaño de un bocado.
3. Cubrir con coco (opcional): Si lo deseas, puedes rodar las bolitas en coco rallado para un extra de sabor y textura.
4. Refrigerar: Coloca las bolitas en el refrigerador durante al menos 30 minutos antes de servir.

11 - Tarta de Manzana y Canela (sin base de harina)

Ingredientes:
- 3 manzanas (peladas, sin semillas y cortadas en rodajas)
- 1 cucharadita de canela en polvo
- 2 cucharadas de miel o sirope de arce (ajusta al gusto)
- 1/4 de taza de nueces picadas
- 1 cucharadita de jugo de limón
- Aceite de coco para engrasar

Preparación:
1. Precalentar el horno: Precalienta el horno a 180°C (350°F) y engrasa un molde para tarta con aceite de coco.
2. Preparar las manzanas: En un tazón, mezcla las manzanas en rodajas con canela, miel y jugo de limón. Deja reposar durante 10 minutos.
3. Montar la tarta: Coloca las manzanas en el molde en capas, asegurándote de que estén bien distribuidas. Espolvorea nueces picadas por encima.
4. Hornear: Hornea durante 25-30 minutos, o hasta que las manzanas estén tiernas.
5. Servir: Deja enfriar un poco antes de servir.

INGREDIENTES
PARA LAS RECETAS DE PERICARDIO

- Aceite de coco
- Aceite de oliva
- Aceite de sésamo
- Almendras (harina o molidas)
- Ajo
- Alga kombu o nori
- Almendras (picadas o laminadas)
- Bayas de goji (remojadas)
- Berenjenas
- Canela en polvo
- Cardamomo molido
- Cebolla
- Cebolla verde
- Champiñones
- Cilantro fresco
- Dátiles rojos (jujube)
- Espárragos
- Espinacas frescas
- Harina de almendras
- Hojas de perejil
- Jengibre fresco
- Jugo de limón
- Leche de almendras o coco (sin azúcar)
- Manzanas
- Miel o sirope de arce
- Nueces
- Pimientos rojos
- Perejil fresco
- Pimienta negra
- Pollo
- Semillas de cilantro (molidas)
- Semillas de sésamo (tostadas)
- Sésamo negro
- Salsa de soya (sin gluten, opcional)
- Sal marina
- Zanahorias

12
TRIPLE CALENTADOR

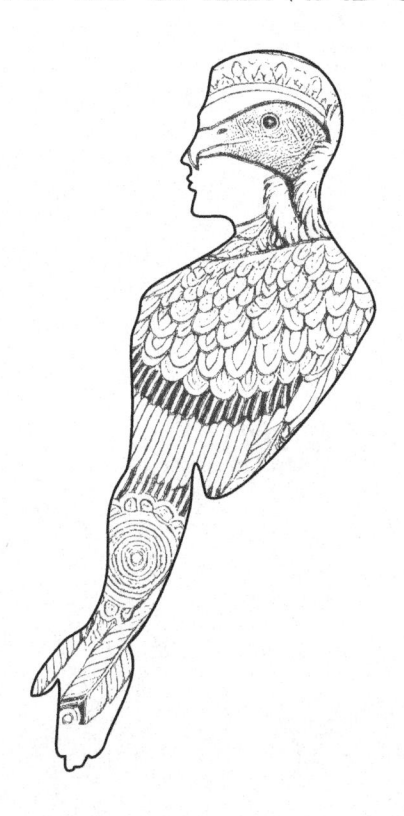

Asociado a este órgano podemos trabajar como Tótem al Cóndor, que nos ayudará para:

- Estrés generalizado: Sensación de estar bajo presión constante.
- Desconexión: Sentimiento de estar desconectado de uno mismo o del entorno.
- Desequilibrio emocional: Oscilaciones entre emociones opuestas, como calma y ansiedad.

Medita mientras coloreas en las situaciones donde sientes estas emociones. Puedes hacer apuntes y pedirle al espíritu del Cóndor que te ayude a entender el propósito más elevado de cada una de las experiencias de tu vida y que te de la sabiduría para vivir bien en el mundo de la materia pero a la vez en conexión con el mundo de lo espiritual y de la unidad de todas las cosas.

Mis notas

Causas de Estrés para el Triple Calentador:

- Estrés emocional prolongado que interrumpe la circulación de Qi y fluidos.
- Dietas con exceso de alimentos grasos, procesados y salados que causan bloqueos.
- Consumo excesivo de alcohol, café y estimulantes.
- Exposición prolongada al calor extremo o falta de hidratación adecuada.
- Falta de ejercicio o movimientos que estanquen el flujo de Qi.
- Alimentación con exceso de alimentos muy fríos o que enfríen el sistema.

Alimentos Beneficiosos para el Triple Calentador:
- Jengibre fresco: Activa el Qi y ayuda en la regulación de fluidos.
- Apio: Refresca y elimina el exceso de calor del triple calentador.
- Perejil: Apoya la eliminación de toxinas y líquidos.
- Pepino: Refrescante, ayuda a eliminar el exceso de calor en el triple calentador superior.
- Algas: Remineralizan y apoyan el metabolismo de líquidos.
- Calabaza: Equilibra el Qi en los tres niveles del cuerpo.

Alimentos que Generan Estrés para el Triple Calentador:
- Exceso de alimentos grasos y fritos que bloquean el flujo de Qi.
- Bebidas muy frías o alimentos congelados que detienen el flujo energético.
- Consumo excesivo de carnes rojas y alimentos muy pesados.
- Alcohol, café y alimentos picantes en exceso, que generan calor y bloqueos.

Meridiano del Triple Calentador:
- Cocciones recomendadas: Mixtas, dependiendo de la parte del cuerpo.
  Parte superior: Ligera y refrescante (vapor, salteados rápidos).
  Parte media: Tibia y suave (hervidos suaves, sopas).
  Parte inferior: Cocciones largas y profundas (guisos largos, estofados).

RECETAS

1- Batido de Frutas y Verduras con Cardamomo

Ingredientes:
- 1 plátano maduro
- 1 taza de espinacas frescas
- 1 pepino (pelado y en rodajas)
- 1 cucharada de jengibre fresco rallado
- 1/2 cucharadita de cardamomo en polvo
- 1 taza de agua o leche de almendras (sin azúcar)
- Miel al gusto (opcional)

Preparación:
1. Preparar los ingredientes: Pela el plátano y el pepino. Lava bien las espinacas y ralla el jengibre.
2. Mezclar: En una licuadora, coloca todos los ingredientes: pepino, aguacate, espinacas, jengibre, cardamomo y agua o leche de almendras. Licúa hasta obtener una consistencia suave y cremosa.
3. Endulzar: Si lo deseas, agrega miel al gusto y mezcla nuevamente.
4. Servir: Vierte en un vaso y disfruta inmediatamente.

2- Huevos Poché con Romero

Ingredientes:
- 2 huevos frescos
- 1 ramita de romero fresco (puedes usar seco si no tienes fresco)
- 1 cucharadita de vinagre (opcional, ayuda a que los huevos se coagulen mejor)
- Sal y pimienta al gusto
- Aceite de oliva (para engrasar)
- Espárragos al vapor (opcional, para acompañar)

Preparación:
1. Preparar el agua: Llena una cacerola con agua y añade el vinagre. Lleva el agua a fuego lento, no debe hervir.
2. Romero: Si usas romero fresco, puedes picar finamente un poco para mezclarlo con los huevos o dejarlo entero para infusionar el agua.
3. Pochado de los huevos: Rompe cada huevo en un tazón pequeño. Crea un remolino suave en el agua y desliza el huevo en el centro. Cocina durante aproximadamente 3-4 minutos, hasta que las claras estén firmes pero las yemas estén líquidas.
4. Servir: Con una espumadera, retira los huevos de agua y colócalos sobre un plato ligeramente engrasado. Espolvorea con sal, pimienta y el romero picado (o deja la ramita entera en el plato para decoración). Si lo deseas, acompaña con espárragos al vapor.

3- Tortilla de Huevos con Bok Choy y Especias

Ingredientes:
- 2 huevos grandes
- 1 taza de Bok Choy (picado)
- 1/4 de cebolla (finamente picada)
- 1 diente de ajo (picado)
- 1 cucharadita de aceite de oliva o ghee
- 1 pizca de cúrcuma en polvo

- 1/4 de cucharadita de pimienta negra
- Sal al gusto

Preparación:
1. Saltear las verduras: En una sartén antiadherente, calienta el aceite a fuego medio. Agrega la cebolla y el ajo, y sofríe hasta que estén dorados. Luego, añade el Bok Choy picado y cocina hasta que se marchite, aproximadamente 2-3 minutos.
2. Batir los huevos: En un tazón, bate los huevos y añade la cúrcuma, la pimienta negra, y sal al gusto. La cúrcuma no solo aportará color, sino también un sabor cálido y beneficios para el triple calentador.
3. Hacer la tortilla: Vierte la mezcla de huevos en la sartén sobre las verduras. Cocina a fuego medio-bajo, moviendo suavemente con una espátula para asegurarte de que los huevos se cocinen uniformemente.
4. Servir: Cuando los huevos estén cocidos, retira la tortilla de la sartén y sirve caliente.

4 - Sopa de Pollo con Jengibre y Verduras

Ingredientes:
- 2 pechugas de pollo (cortadas en cubos)
- 1 trozo de jengibre fresco (al gusto, pelado y picado)
- 2 zanahorias (cortadas en rodajas)
- 2 ramas de apio (picadas)
- 1 hoja de alga kombu o wakame (cortada en tiras)
- 4 tazas de caldo de pollo
- Sal y pimienta al gusto
- Un chorrito de aceite de oliva

Preparación:
1. Calienta el aceite en una olla grande a fuego medio. Agrega el jengibre y sofríe por un minuto.
2. Añade el pollo y cocina hasta que esté dorado.
3. Agrega las zanahorias y el apio, y cocina por unos minutos.
4. Vierte el caldo de pollo y lleva a ebullición. Reduce el fuego y cocina a fuego lento durante 20 minutos.
5. Agrega las algas y cocina por unos minutos más. Ajusta la sal y la pimienta al gusto.

5 - Salteado de Verduras con Bok Choy y Pimientos Rojos

Ingredientes:
- 2 tazas de Bok Choy (picado)
- 1 pimiento rojo (cortado en tiras y debe ser usado con moderación)
- 1 calabacín (cortado en tiras)
- 2 dientes de ajo (picados)
- 1 cucharadita de jengibre fresco rallado (opcional)
- 2 cucharadas de aceite de sésamo o aceite de oliva
- Sal y pimienta al gusto
- Semillas de sésamo (para decorar)

Preparación:
1. Calentar el aceite: En una sartén grande, calienta el aceite a fuego medio-alto.
2. Saltear las verduras: Añade el ajo y el jengibre (si lo usas), y sofríe por un minuto hasta que estén fragantes. Luego, incorpora el Bok Choy, el pimiento rojo y el calabacín. Cocina durante 5-7 minutos o hasta que las verduras estén tiernas pero crujientes.

3. Sazonar: Ajusta la sal y la pimienta al gusto antes de servir.
4. Decorar: Espolvorea con semillas de sésamo antes de servir.

6- Ensalada Templada de Verduras con Cúrcuma

Ingredientes:
- 2 tazas de espinacas frescas
- 1 zanahoria (rallada)
- 1 pepino (cortado en cubos)
- 1/4 cucharadita de cúrcuma en polvo
- 1/4 cucharadita de comino
- 2 cucharadas de aceite de oliva
- Sal y pimienta al gusto

Preparación:
1. En una sartén, calienta el aceite de oliva a fuego medio y añade la cúrcuma y el comino. Cocina por un minuto.
2. Agrega las espinacas y la zanahoria, y cocina hasta que las espinacas se marchiten.
3. Retira del fuego y mezcla con el pepino. Ajusta la sal y la pimienta

7- Salteado de Pollo con Bok Choy y Pimientos Rojos

Ingredientes:
- 2 pechugas de pollo (cortadas en tiras)
- 2 tazas de Bok Choy (picado)
- 1 calabacín (cortado en tiras) o espárragos
- 2 dientes de ajo (picados)
- 1 cucharadita de jengibre fresco rallado (opcional)
- 2 cucharadas de aceite de sésamo o aceite de oliva
- Sal y pimienta al gusto

Preparación:
1. Calentar el aceite: En una sartén grande, calienta el aceite a fuego medio-alto.
2. Cocinar el pollo: Añade las tiras de pollo y cocina hasta que estén doradas y cocidas por completo.
3. Agregar ajo y jengibre: Incorpora el ajo y el jengibre (si lo usas), y sofríe por un minuto hasta que estén fragantes.
4. Incorporar verduras: Agrega el Bok Choy y el calabacín. Cocina durante unos 5-7 minutos, o hasta que las verduras estén tiernas pero crujientes.
5. Sazonar: Ajusta la sal y la pimienta al gusto antes de servir.

8- Sopa de Verduras con Jengibre

Ingredientes:
- 4 tazas de caldo de verduras
- 1 trozo de jengibre fresco (al gusto, pelado y picado)
- 2 zanahorias (cortadas en rodajas)
- 2 ramas de apio (picadas)
- 1 taza de espinacas frescas
- 1 hoja de alga kombu (cortada en tiras)
- Sal y pimienta al gusto
- Un chorrito de aceite de oliva

Preparación:
1. En una olla grande, calienta el aceite a fuego medio y añade el jengibre. Sofríe por un minuto.
2. Agrega el caldo de verduras, las zanahorias, el apio y las algas. Lleva a ebullición y luego reduce el fuego. Cocina durante unos 10 minutos.
3. Incorpora las espinacas y cocina por unos minutos más. Ajusta la sal y la pimienta al gusto antes de servir.

9 - Ensalada Templada de Espinacas y Champiñones

Ingredientes:
- 2 tazas de espinacas frescas
- 1 taza de champiñones (en rodajas)
- 1 diente de ajo (picado)
- 1 cucharada de aceite de oliva
- Semillas de sésamo tostadas (para decorar)
- Sal y pimienta al gusto
- Jugo de limón (opcional)

Preparación:
1. En una sartén, calienta el aceite de oliva a fuego medio y añade el ajo. Sofríe hasta que esté dorado.
2. Agrega los champiñones y cocina hasta que estén tiernos.
3. Incorpora las espinacas y cocina hasta que se marchiten. Ajusta la sal y la pimienta al gusto, las semillas de sésamo y añade un chorrito de jugo de limón si lo deseas.

10 - Pescado al Vapor con Verduras

Ingredientes:
- 2 filetes de pescado (merluza o tilapia)
- 1 trozo de jengibre fresco (en rodajas)
- 1 taza de brócoli (cortado en floretes)
- 1 zanahoria (en rodajas)
- Sal y pimienta al gusto
- Un chorrito de salsa de limón (opcional)

Preparación:
1. Coloca el pescado en una bandeja para vapor, añade las rodajas de jengibre y un poco de sal y pimienta.
2. En una olla con agua hirviendo, coloca la bandeja para vapor y cocina durante 8-10 minutos, o hasta que el pescado esté cocido.
3. Mientras tanto, cocina el brócoli y la zanahoria al vapor hasta que estén tiernos.
4. Sirve el pescado con las verduras al lado y añade un chorrito de salsa de limón si lo deseas.

11 - Galletas de Lavanda y Romero con Aceite de Coco

Ingredientes:
- 1 taza de aceite de coco (derretido)
- 1/4 taza de panela molida o azúcar
- 1 taza de harina de almendras
- 1 cucharada de romero fresco picado
- 1 cucharada de flores de lavanda secas
- Una pizca de sal

Preparación:
1. Precalienta el horno a 180°C (350°F).
2. Mezcla el aceite de coco derretido y el azúcar hasta que estén bien combinados.
3. Agrega la harina, el romero, la lavanda y la sal. Mezcla hasta formar una masa.
4. Forma pequeñas bolitas y colócalas en una bandeja para hornear. Hornea durante 12-15 minutos o hasta que estén doradas.

12 - Pudín de Chía y Cacao con Peras

Ingredientes:
- 1/4 taza de semillas de chía
- 1 taza de leche de almendras (sin azúcar)
- 1 cucharadita de cacao en polvo
- 1/2 cucharadita de cardamomo en polvo (opcional)
- Miel o jarabe de arce al gusto
- 1 pera fresca (cortada en cubos pequeños para decorar)

Preparación:
1. Mezclar los ingredientes: En un tazón, mezcla las semillas de chía, la leche de almendras, el cacao en polvo y el cardamomo.
2. Reposar: Deja reposar la mezcla en el refrigerador durante al menos 4 horas o toda la noche, hasta que se forme una consistencia espesa similar a un pudín.
3. Decorar y servir: Sirve con cubos de pera fresca encima y añade miel o jarabe de arce al gusto para endulzar.

13 - Pudín de Calabaza con Canela y Cardamomo

Ingredientes:
- Calabaza (asada y triturada)
- Leche de almendras (sin azúcar)
- Canela en polvo
- Cardamomo en polvo
- Semillas de chía (para espesar)
- Miel o jarabe de arce (opcional, para endulzar)
- Semillas de sésamo tostadas (para decorar)

Preparación:
1. Asar la calabaza: Asa la calabaza en el horno hasta que esté suave. Tritúrala hasta obtener un puré suave.
2. Mezclar los ingredientes: En un tazón, mezcla la leche de almendras, el puré de calabaza, canela, cardamomo y las semillas de chía.
3. Refrigerar: Deja reposar en el refrigerador durante al menos 4 horas o toda la noche, para que las semillas de chía absorban el líquido y el pudín espese.
4. Servir: Sirve frío, decorado con semillas de sésamo tostadas.

INGREDIENTES PARA LAS RECETAS DE TRIPLE CALENTADOR

- Aceite de coco
- Aceite de oliva
- Aceite de sésamo
- Ajo
- Alga kombu
- Apio
- Azúcar
- Bok Choy
- Brócoli
- Calabacín
- Calabaza
- Caldo de pollo
- Caldo de verduras
- Cardamomo en polvo
- Cebolla
- Champiñones
- Cacao en polvo
- Cúrcuma en polvo
- Comino
- Espárragos
- Espinacas frescas
- Flores de lavanda secas
- Harina de almendras
- Huevos
- Jengibre fresco
- Jugo de limón
- Miel
- Pera fresca
- Pechugas de pollo
- Pepino
- Pescado (merluza o tilapia)
- Pimiento rojo
- Pimienta
- Plátano maduro
- Romero fresco
- Sal
- Salsa de limón
- Semillas de chía
- Semillas de sésamo tostadas
- Vinagre
- Zanahorias

ACOMPAÑAMIENTOS PARA CUALQUIERA DE LOS PLATOS PRINCIPALES

1. Verduras al Vapor
- Descripción: Verduras como brócoli, coliflor y zanahorias al vapor son ligeras, nutritivas y fáciles de digerir.
- Beneficios: Mejoran la circulación y aportan fibra, favoreciendo la salud de varios meridianos.

2. Papas Asadas
- Descripción: Papas asadas con un toque de aceite de oliva, sal y hierbas al gusto (como romero o tomillo).
- Beneficios: Ricas en carbohidratos complejos, las papas proporcionan energía y son reconfortantes, apoyando el bazo/páncreas y el estómago.

3. Ensalada de Espinacas
- Descripción: Espinacas frescas con aderezo de aceite de oliva y limón.
- Beneficios: Ricas en hierro y antioxidantes, apoyan la salud de los riñones y el hígado.

4. Champiñones Salteados
- Descripción: Champiñones frescos salteados con ajo y jengibre.
- Beneficios: Ayudan a equilibrar el Qi y son beneficiosos para el sistema inmunológico, lo que beneficia a varios meridianos.

5. Zanahorias Glaseadas
- Descripción: Zanahorias cocidas en un poco de agua y miel o jarabe de arce hasta que estén tiernas y glaseadas.
- Beneficios: Son ricas en betacarotenos, que apoyan la salud ocular y general.

6. Espárragos al Vapor
- Descripción: Espárragos cocidos al vapor y rociados con un poco de aceite de oliva y jugo de limón.
- Beneficios: Ayudan a detoxificar el cuerpo y apoyan la salud renal, lo que es importante para el triple calentador.

7. Col Rizada Salteada
- Descripción: Col rizada salteada con ajo y un chorrito de limón.
- Beneficios: Rica en nutrientes y antioxidantes, ayuda a fortalecer el sistema inmunológico y a mejorar la salud del hígado.

8. Calabaza Asada
- Descripción: Rodajas de calabaza asadas con aceite de oliva y especias como canela o nuez moscada.
- Beneficios: Aporta antioxidantes y vitamina A, apoyando la salud ocular y general.

9. Verduras Mixtas al Horno
- Descripción: Mezcla de verduras como zanahorias, pimientos y calabacines asados al horno.
- Beneficios: Los asados resaltan el sabor y proporcionan una gran variedad de nutrientes que benefician el equilibrio energético.

10. Espinacas Salteadas con Ajo
- Descripción: Espinacas salteadas rápidamente con ajo y un poco de aceite de oliva.
- Beneficios: Aumentan el hierro y mejoran la digestión, apoyando los meridianos del hígado y el riñón.

11. Remolacha Asada
- Descripción: Remolachas asadas en rodajas, sazonadas con sal y pimienta.
- Beneficios: Con propiedades detoxificantes, ayudan a limpiar el hígado y mejorar la circulación.

12. Zucchini (Calabacín) a la Parrilla
- Descripción: Rodajas de calabacín a la parrilla con un poco de sal y hierbas frescas.
- Beneficios: Ligero y rico en nutrientes, ayuda a mantener el equilibrio del cuerpo y es fácil de digerir.

RECETA CALDO BÁSICO DE VEGETALES

Ingredientes:
- 2 zanahorias grandes, cortadas en trozos
- 2 ramas de apio, cortadas en trozos
- 1 cebolla grande, cortada en cuartos
- 2 dientes de ajo, aplastados
- 1 puñado de perejil fresco
- 1 nabo pequeño o mediano, pelado y cortado en trozos (añade un dulzor suave y equilibra el caldo)
- 1 hoja de laurel (opcional, para un toque aromático)
- Sal marina al gusto
- Pimienta negra al gusto (opcional)
- 8-10 tazas de agua

Preparación:
1. Preparar los ingredientes: Lava y corta las zanahorias, el apio, la cebolla y el nabo en trozos grandes.
2. Cocinar el caldo: Coloca todos los vegetales y hierbas en una olla grande. Cubre con las 8-10 tazas de agua.
3. Llevar a ebullición: Lleva el agua a ebullición a fuego alto. Una vez que hierva, reduce el fuego a bajo y deja que el caldo se cocine a fuego lento durante 45 minutos a 1 hora.
4. Colar: Después de cocinar, cuela el caldo para separar los vegetales y las hierbas. Puedes presionar suavemente los vegetales para extraer todo el líquido.
5. Ajustar el sabor: Añade sal marina al gusto y pimienta si lo prefieres.
6. Usar o almacenar: Usa el caldo inmediatamente para sopas o guisos, o guárdalo en el refrigerador por 3-4 días. También puedes congelarlo en porciones para usar más adelante.

LAS INFUSIONES

Aquí tienes la lista ajustada, enfocada en las propiedades de las infusiones para cada meridiano según la Medicina Tradicional China (MTC):

Meridiano de la Vesícula Biliar:
- Infusión de Menta: Fácil de conseguir y excelente para mover el Qi estancado, mejora la digestión de grasas.
- Infusión de Diente de León: Apoya la desintoxicación del hígado y la vesícula biliar, promoviendo la eliminación de toxinas. Puede encontrarse en tiendas de productos naturales.
- Infusión de Boldo: Accesible y recomendado para la vesícula biliar, promueve la secreción de bilis y la función hepática.

Meridiano del Hígado:
- Infusión de Manzanilla: Muy accesible y útil para relajar el hígado y liberar la tensión emocional, mejorando el flujo de Qi.
- Infusión de Boldo: Común y eficaz para regenerar y proteger las células hepáticas, apoyando el hígado.
- Infusión de Flor de Jamaica: Fácil de conseguir en mercados y tiendas, enfría el calor en el hígado y mejora la circulación del Qi.

Meridiano de los Pulmones:
- Infusión de Jengibre y Miel: Fácil de encontrar y excelente para calentar los pulmones, ayudando a expulsar el frío y aliviar la congestión.
- Infusión de Hojas de Eucalipto: Disponible en tiendas de hierbas, despeja los pulmones y expulsa el viento frío.
- Infusión de Peras y Canela: Ingredientes muy accesibles y útiles para humedecer los pulmones, aliviando la tos seca.

Meridiano del Intestino Grueso:
- Infusión de Sen (Senna): Accesible en tiendas de productos naturales y actúa como un laxante suave, regulando el flujo de Qi en el intestino grueso.
- Infusión de Cáscara de Limonaria (Hierba Limón): Común y disponible en mercados, apoya la digestión y regula el intestino grueso.
- Infusión de Hinojo: Facilita la digestión y alivia la distensión abdominal, promoviendo el movimiento intestinal.

Meridiano del Estómago:
- Infusión de Jengibre: Muy fácil de encontrar, calienta el estómago, mejora la digestión y alivia las náuseas.
- Infusión de Menta: Común y accesible, enfría el exceso de calor en el estómago y mejora la digestión.
- Infusión de Manzanilla: Protege el estómago, reduce la acidez y alivia la inflamación.

Meridiano del Bazo:
- Infusión de Canela y Jengibre: Ambos ingredientes son fáciles de conseguir, ayudan a calentar el Yang del bazo y fortalecen la digestión.
- Infusión de Cúrcuma: Cúrcuma fresca o en polvo es accesible y ayuda a reducir la inflamación, apoyando la energía del bazo.
- Infusión de Hinojo: Facilita la digestión y reduce la hinchazón, fortaleciendo el Qi del bazo.

Meridiano del Corazón:
- Infusión de Flores de Azahar: Accesible en algunas tiendas de hierbas, relaja el Shen y mejora la circulación.
- Infusión de Flor de Loto (alternativa:

Manzanilla): Difícil de encontrar, pero la manzanilla es un buen sustituto que también calma el Shen y reduce el calor en el corazón.
• Infusión de Espino Blanco (alternativa: Tilo o Valeriana): Espino blanco mejora la circulación y protege el corazón; el tilo o la valeriana también son calmantes.

Meridiano del Intestino Delgado:
• Infusión de Menta: Muy accesible y efectivo para mejorar la digestión y liberar el Qi en el intestino delgado.
• Infusión de Anís Estrellado: Disponible en tiendas de especias, alivia los cólicos y promueve la digestión.
• Infusión de Regaliz (alternativa: Jengibre): Regaliz puede ser difícil de encontrar, pero el jengibre es una excelente alternativa para suavizar el tracto digestivo.

Meridiano de la Vejiga:
• Infusión de Perejil: El perejil fresco es común y funciona como un diurético natural, promoviendo la función de la vejiga.
• Infusión de Ortiga: Tonifica la vejiga y elimina toxinas, disponible en tiendas de productos naturales.
• Infusión de Limón (con cáscara): Muy accesible, es alcalinizante y promueve la salud del tracto urinario.

Meridiano de los Riñones:
• Infusión de Sésamo Negro (alternativa: Avena): Sésamo negro es difícil de encontrar, pero la avena es una buena alternativa que también nutre el Yin de los riñones.
• Infusión de Goji (alternativa: Mora): Las bayas de goji pueden ser más difíciles de encontrar, pero las moras tienen propiedades similares para tonificar el Yin de los riñones.

• Infusión de Romero: Muy accesible y útil para tonificar el Yang y mejorar la circulación en los riñones.

Meridiano del Pericardio:
• Infusión de Rosas (alternativa: Hibisco o Jamaica): Hibisco es una alternativa accesible que también enfría y calma el Qi del pericardio.
• Infusión de Manzanilla: Fácil de conseguir, relaja el Shen y protege el pericardio de la tensión emocional.
• Infusión de Flor de Loto (alternativa: Tilo o Manzanilla): El loto puede ser difícil de encontrar, pero el tilo o la manzanilla ofrecen propiedades similares.

Meridiano del Triple Calentador:
• Infusión de Jengibre y Limón: Muy común y fácil de encontrar, ayuda a regular el Qi en los tres calentadores.
• Infusión de Romero: Promueve la circulación general y regula el Qi en los tres niveles del cuerpo.
• Infusión de Canela: Fácil de conseguir y tonifica el Yang, ayudando a equilibrar la energía del Triple Calentador.

FACTORES CLAVE QUE HACEN QUE LOS ALIMENTOS BENEFICIEN VARIOS MERIDIANOS:

1. Propiedades de los Alimentos:

La MTC clasifica los alimentos según su naturaleza térmica (frío, fresco, neutro, cálido, caliente), su sabor (dulce, picante, ácido, amargo, salado), y su movimiento energético (ascendente, descendente, dispersante, acumulativo).

Alimentos como las espinacas, las nueces, el sésamo y las peras, son neutros o ligeramente fríos, lo que los hace adecuados para equilibrar tanto meridianos que requieren enfriamiento o nutrición (como el hígado, el corazón, el pulmón o el pericardio).

2. Impacto en el Flujo de Qi y Sangre:

En la MTC, muchos problemas de salud derivan del estancamiento del Qi o de la deficiencia de sangre. Los alimentos que tonifican la sangre (como las moras, los dátiles rojos y las espinacas) o que promueven el movimiento fluido del Qi (como el ajo, el jengibre y las especias suaves) son comunes en diversas recetas porque ayudan a mejorar el flujo de energía y la circulación en todo el cuerpo.

Los alimentos que son suaves para el estómago y digestivos, como la batata o el pepino, también se recomiendan para meridianos como el hígado, los riñones y el corazón, ya que se considera que estos meridianos están interrelacionados con el proceso digestivo.

3. Yin y Yang:

El equilibrio entre Yin (frío, húmedo, nutritivo) y Yang (caliente, seco, activador) es fundamental. Muchos alimentos aparecen repetidamente porque nutren el Yin o fortalecen el Yang en varios meridianos. Por ejemplo, las semillas de sésamo negro nutren el Yin de los riñones, del hígado y del corazón, lo que los hace valiosos en el tratamiento de varios desórdenes relacionados con estos meridianos.

Las nueces también son comunes porque tonifican el Yang y la esencia vital (Jing), lo cual es crucial para meridianos como el riñón y el corazón, pero también útil para mantener el equilibrio de todo el sistema corporal.

4. Relaciones Inter-Orgánicas:

En la MTC, los órganos y meridianos están interconectados a través de relaciones de apoyo mutuo o control. Por ejemplo, el corazón y el pericardio están relacionados con el control de la circulación sanguínea y el bienestar emocional. Alimentos como las espinacas o el apio, que enfrían y calman la sangre, benefician tanto el corazón como el pericardio.

Los riñones y el hígado tienen una relación directa en el mantenimiento de la sangre y la esencia vital, por lo que alimentos como las algas y los frijoles negros son útiles para ambos, ya que fortalecen la esencia y apoyan la purificación de la sangre.

5. Preparación de los Alimentos:

El método de preparación en la MTC es fundamental. Un alimento puede tener efectos diferentes según cómo se cocine. Por ejemplo:

Brócoli al vapor será más suave y digestivo, beneficiando el meridiano del estómago, mientras que si se asa con ajo y especias, puede calentar el cuerpo y mover el Qi, lo que es beneficioso para el hígado.

Las nueces crudas tienen un efecto ligeramente diferente que las nueces tostadas, ya que las tostadas son más calientes y activadoras del Yang.

Las preparaciones al vapor, ligeras y con poca grasa, suelen ser beneficiosas para los meridianos del bazo, estómago, hígado y riñón, debido a su naturaleza equilibrante.

6. Temporada y Estado de Salud:

Los alimentos también se seleccionan según las estaciones y el estado energético de la persona. Alimentos frescos y que enfrían, como el pepino o las peras, son más útiles en verano para meridianos como el corazón y el pericardio, ya que ayudan a eliminar el calor y mantener los fluidos.

En el invierno, los alimentos cálidos como el jengibre, el ajo y las nueces se recomiendan para meridianos como el riñón, que necesita más apoyo en esta temporada.

Los expertos también ajustan las recomendaciones dependiendo del estado de salud del paciente. Alguien con un estancamiento de Qi en el hígado recibirá alimentos que muevan la energía, como alimentos picantes suaves o amargos, mientras que alguien con deficiencia de Yin recibirá alimentos que hidraten y enfríen.

EJEMPLOS DE ALIMENTOS RECURRENTES Y SU APLICACIÓN EN DIFERENTES MERIDIANOS:

- **Espinacas:** Utilizadas para nutrir la sangre y enfriar el cuerpo. Benefician los meridianos del hígado, corazón, estómago y pericardio. Son excelentes para mantener la fluidez del Qi y la circulación sanguínea, calmando la energía excesiva.

- **Semillas de Sésamo Negro:** Nutren el Yin, fortalecen los riñones, el hígado y el corazón. Son recomendadas para prevenir el envejecimiento prematuro, fortalecer los huesos y el cabello, y apoyar el sistema digestivo.

- **Moras y Dátiles Rojos:** Tienen propiedades de tonificación del Qi y la sangre. Se recomiendan para meridianos del corazón, pericardio y riñones, ya que ayudan a fortalecer la energía vital, el flujo de sangre y los fluidos corporales.

- **Batata (Boniato):** Es dulce y suave, lo que la hace ideal para tonificar el Qi del estómago, el bazo y el riñón. Fortalece el sistema digestivo y al mismo tiempo apoya la función de los riñones, gracias a su naturaleza nutritiva.

- **Ajo y Jengibre:** Ambos son alimentos cálidos que mueven el Qi, mejoran la digestión y la circulación. Se utilizan frecuentemente en platos para meridianos como el hígado, el estómago y el corazón, ayudando a calentar el cuerpo y mejorar el flujo energético.

USANDO LAS FECHAS

Para comprender que días toca cocinar determinadas recetas de acuerdo con el movimiento de la energía por los diferentes meridianos del cuerpo, revisa las fechas que corresponde a cada lunación. Son 4 lunas y cada luna tendrá un marco de aproximadamente 7/8 días. Son 3 los meridianos involucrados en cada fase de la luna, así que no podemos hacer exactamente tres días para cada meridiano, pero si podemos trabajar mas intensamente en el órgano que estemos necesitando apoyar en determinado momento. Simplemente trata de ajustar tu ritmo con las recetas al ritmo de la luna. Por supuesto que la intuición en este sistema es un aspecto crucial, porque se trata precisamente de aprender a sincronizarte con los ritmos de la naturaleza y a escucharlos a través de tu cuerpo, simplemente ensaya, practica y aprende de ti mientras disfrutas alimentándote.

AÑO 2025

Enero	Cuarto Creciente	ene-06
	Luna Llena	ene-13
	Cuarto Menguante	ene-21
	Luna Nueva	ene-29
Febrero	Cuarto Creciente	feb-05
	Luna Llena	feb-12
	Cuarto Menguante	feb-20
	Luna Nueva	feb-27
Marzo	Cuarto Creciente	mar-06
	Luna Llena	mar-14
	Cuarto Menguante	mar-22
	Luna Nueva	mar-29
Abril	Cuarto Creciente	abr-04
	Luna Llena	abr-14
	Cuarto Menguante	abr-20
	Luna Nueva	abr-27
Mayo	Cuarto Creciente	may-04
	Luna Llena	may-12
	Cuarto Menguante	may-20
	Luna Nueva	may-26
Junio	Cuarto Creciente	jun-02
	Luna Llena	jun-11
	Cuarto Menguante	jun-18
	Luna Nueva	jun-25

AÑO 2025

Julio	Cuarto Creciente	jul-02
	Luna Llena	jul-10
	Cuarto Menguante	jul-17
	Luna Nueva	jul-24
Agosto	Cuarto Creciente	ago-01
	Luna Llena	ago-09
	Cuarto Menguante	ago-16
	Luna Nueva	ago-23
	Cuarto Creciente	ago-31
Septiembre	Luna Llena	sept-07
	Cuarto Menguante	sept-14
	Luna Nueva	sept-21
	Cuarto Creciente	sept-29
Octubre	Luna Llena	oct-06
	Cuarto Menguante	oct-13
	Luna Nueva	oct-21
	Cuarto Creciente	oct-29
Noviembre	Luna Llena	nov-05
	Cuarto Menguante	nov-12
	Luna Nueva	nov-20
	Cuarto Creciente	nov-28
Diciembre	Luna Llena	dic-04
	Cuarto Menguante	dic-11
	Luna Nueva	dic-19
	Cuarto Creciente	dic-27

AÑO 2026

Enero	Luna Llena	ene-03
	Cuarto Menguante	ene-10
	Luna Nueva	ene-18
	Cuarto Creciente	ene-25
Febrero	Luna Llena	feb-01
	Cuarto Menguante	feb-09
	Luna Nueva	feb-17
	Cuarto Creciente	feb-24
Marzo	Luna Llena	mar-03
	Cuarto Menguante	mar-11
	Luna Nueva	mar-18
	Cuarto Creciente	mar-25
Abril	Luna Llena	abr-01
	Cuarto Menguante	abr-09
	Luna Nueva	abr-17
	Cuarto Creciente	abr-23
Mayo	Luna Llena	may-01
	Cuarto Menguante	may-09
	Luna Nueva	may-16
	Cuarto Creciente	may-23
	Luna Llena	may-31
Junio	Cuarto Menguante	jun-09
	Luna Nueva	jun-14
	Cuarto Creciente	jun-21
	Luna Llena	jun-29

AÑO 2026

Julio	Cuarto Menguante	jul-07
	Luna Nueva	jul-14
	Cuarto Creciente	jul-21
	Luna Llena	jul-29
Agosto	Cuarto Menguante	ago-05
	Luna Nueva	ago-12
	Cuarto Creciente	ago-19
	Luna Llena	ago-27
Septiembre	Cuarto Menguante	sept-04
	Luna Nueva	sept-10
	Cuarto Creciente	sept-18
	Luna Llena	sept-26
Octubre	Cuarto Menguante	oct-03
	Luna Nueva	oct-10
	Cuarto Creciente	oct-18
	Luna Llena	oct-25
Noviembre	Cuarto Menguante	nov-01
	Luna Nueva	nov-09
	Cuarto Creciente	nov-17
	Luna Llena	nov-24
Diciembre	Cuarto Menguante	dic-01
	Luna Nueva	dic-08
	Cuarto Creciente	dic-17
	Luna Llena	dic-23
	Cuarto Menguante	dic-30

CLAUDIA BOTERO

Psicóloga, artista y cocinera apasionada, con una trayectoria de más de 30 años explorando la conexión entre el arte, la mente y la naturaleza. Su trabajo se basa en un profundo interés por el desarrollo humano y el aprendizaje de los ritmos de la vida. Desde la psicología hasta la pintura y la cocina, Claudia teje una visión integral del bienestar, inspirándose en filosofías ancestrales y en el poder transformador de la naturaleza.Su motivación nace de una certeza: la alimentación no es solo un acto físico, sino un camino para nutrir el cuerpo, la mente y el alma. En Comer con la Luna, Claudia comparte recetas y saberes que no solo sacian el hambre, sino que también armonizan con los ciclos de la naturaleza, invitándonos a reconectar con nuestra esencia y encontrar equilibrio en cada bocado."Creo en la comida como una herramienta sagrada, capaz de sanar, conectar y transformar. Al aprender de la naturaleza, descubrimos que nutrirnos es también un acto de amor y conciencia."

BIBLIOGRAFÍA PARA SABER MÁS

1. "Healing with Whole Foods: Asian Traditions and Modern Nutrition" de Paul Pitchford.
Este libro es una referencia fundamental para entender la alimentación desde el enfoque de la MTC. Explora cómo los alimentos pueden equilibrar las energías Yin y Yang y fortalecer los órganos internos.

2. "The Tao of Nutrition" de Maoshing Ni y Cathy McNease.
Ofrece una guía comprensiva sobre cómo utilizar los alimentos para curar y prevenir enfermedades basándose en la MTC. Proporciona una visión profunda de los alimentos según su energía (caliente, fría, neutra) y su impacto en los órganos.

3. "Chinese Nutrition Therapy: Dietetics in Traditional Chinese Medicine (TCM)" de Joerg Kastner.
Este libro detalla los principios de la nutrición en la MTC y cómo cada alimento influye en el flujo del Qi (energía vital) y en los órganos. Es una excelente referencia para comprender la relación entre los alimentos y la salud a través de los ciclos naturales.

4. "Between Heaven and Earth: A Guide to Chinese Medicine" de Harriet Beinfield y Efrem Korngold.
Aunque no está exclusivamente dedicado a la nutrición, este libro proporciona un marco teórico completo de la MTC, donde se explica cómo los alimentos, las emociones y el entorno interactúan con los meridianos y los ciclos lunares.

5. "The Yellow Emperor's Classic of Medicine" (Huangdi Neijing)
Este es uno de los textos más antiguos y respetados de la MTC. Aunque es más técnico, ofrece una comprensión profunda de los principios de la energía, el Yin y Yang, y los cinco elementos, los cuales son fundamentales para entender cómo los alimentos influyen en la salud y los ciclos del cuerpo.

Made in the USA
Columbia, SC
23 December 2024